财富创造者的七种资本

通向财务自由的人生投资组合

[美] 约翰·克里斯蒂安森
(John Christianson)
著

刘媛
译

中信出版集团 | 北京

图书在版编目（CIP）数据

财富创造者的七种资本 /（美）约翰·克里斯蒂安森著；刘媛译 . -- 北京：中信出版社，2022.12

书名原文：The Wealth Creator's Playbook

ISBN 978-7-5217-4789-8

Ⅰ．①财… Ⅱ．①约… ②刘… Ⅲ．①企业管理－经验－美国 Ⅳ．① F279.712.3

中国版本图书馆 CIP 数据核字（2022）第 196043 号

财富创造者的七种资本

著者：［美］约翰·克里斯蒂安森

译者：刘媛

出版发行：中信出版集团股份有限公司
（北京市朝阳区惠新东街甲 4 号富盛大厦 2 座　邮编　100029）

承印者：宝蕾元仁浩（天津）印刷有限公司

开本：880mm×1230mm 1/32　印张：8.75　字数：170 千字

版次：2022 年 12 月第 1 版　印次：2022 年 12 月第 1 次印刷

京权图字：01-2020-4708　书号：ISBN 978-7-5217-4789-8

定价：58.00 元

服务热线：400-600-8099

投稿邮箱：author@citicpub.com

致克勒，我的至爱，我们富裕生活天才般的共同创造者。

目 录

序　言

如果你正在阅读本书，说明你很可能已经是一位财富创造者，或者说是一位有抱负的财富创造者——热情、聪明、上进、富有创造性，并且期待用辛勤的劳动换取丰厚的物质回报。也许你刚刚开始从事一项极有潜力的事业，比如正准备从事这样的工作，预期能够得到极高的回报。也许你已经创造了巨大的财富，并正在享受财富所带来的种种益处——自由、舒适、人生的多种选择。也许你将来会是财富的受益者，比如将继承遗产，或是得益于某次事件——公司即将进行 IPO（首次公开募股）或生意有所突破。当然，你的角色也可能是一名财富创造者的伴侣或合作伙伴，你们正共同创造财富，你的选择、情感和人际关系与即将涌入生活的财富密切相关。那么，本书正适合你。

无论你处于通往财富的哪个阶段，扮演着创造财富过程中的哪个角色，无论是个人、一对夫妇还是一个家庭，无论是职业生涯还是私人生活，你的目标一定是取得成功。我有幸每天都和一些财富创造者一起工作。他们聪明、有才华、动力满满，通过辛勤的工作和一些幸运的风口，最终积累了可观的财富，并享受随之而来的所有好处。

令财富创造者感到惊讶的是，创造财富往往伴随着其独有的挑战。25 年来我一直为美国一些最富有的人提供财务及个人问题的咨询服务，我深深明白，赚钱从来不是一件简单的事情，成功也绝不仅仅关乎金钱。

财富创造者与普通人没有任何区别：他们想要收获更多的幸福与成就，但有时对成功的狂热追求反而会让现实与理想之间的差距越来越大。你会感觉难以为继，希望对成功有一个不同的定义。金钱可能会成为你人际关系中很重要的课题。你会发现自己越来越好奇："金钱的意义是什么？"

在世界各地的文化中，金钱的多少通常意味着一个人是否成功。或许正如风险资本家乔尔·所罗门嘲讽的那样："资本主义也许才是当今世界最大的宗教。"而许多人正全身心地信奉这种财富宗教。瑞士信贷研究院发布的《2017 全球财富报告》表明："2000 年以来，世界上百万富翁的数量增加了 155%，超高净值人士（指净资产超过 5 000 万美元的人）的数量增加了 216%。其中 51% 的超高净值人士居住在北美。"[1]

该报告预测，未来 5 年内，美国将成为全球百万富翁数量增长最快的国家。[2] 我们处在一段前所未有的财富时期，即到 2061 年，全球约 50 万亿美元的资产将被转移或继承，这也将是历史上规模最大的财富转移。从 2031 年始，每 5 年美国 10% 的财富都将被转手。将有越来越多的人体会到财富带来的益处和挑战。

这个话题相对沉重，人们在谈及与金钱的关系时，总是会有心理负担。同时，当我们的财务状况发生改变时，尤其在有大笔金钱进账的情况下，有许多人也许会发现，我们自身、我们与周围一切的关系以及我们在世界上的地位都在转变。

有一句名言是这样说的："金钱不能解决一切问题。"因此，有时候再多的金钱可能也无济于事。换句话说，金钱并不是万能的，并不能解决比如自信心缺失的问题，无法抚平原生家庭带来的伤痛，难以改善婚姻状况，不能使你成为更好的父母，有时甚至无法让你感到幸福，等等。从我的经验来看，金钱只会让你现有生活中已有的事物变得更好或更坏，如同火上浇油，火势只会更大。

匮乏的心理健康的确与丰富的物质财富相关。《美国心理学家》期刊的一期特刊聚焦财富在心理健康方面的问题，得克萨斯大学奥斯汀分校的戴维 · M. 巴斯博士表示，经济发达国家居民的抑郁症患病率高于经济欠发达国家。[3] 心理学家戴维 · G. 迈尔斯曾指出，与 20 世纪 50 年代的美国人相比，"尽管现在美国人的财富是原来的两倍，但心理上却没有感觉更快乐。与此同时，现代社会离婚率翻了一番，青少年自杀率是原来的三倍……抑郁症患病率飙升，少年和青年群体尤为严重……我把这种物质繁荣和社会心理衰退的结合称为'美国人的悖论'，即人们越是努力追求金钱等外在目标，他们面临的问题就越多，他们的幸福感也就越差"[4]。

研究人类幸福和创造力的匈牙利心理学家米哈里·契克森米哈赖指出："在某种程度上，大部分人的精神力量都投入对物质目标的追求中，因此他们越来越难以感知生命中其他方面的回馈。友谊、艺术、文学、自然风光、宗教信仰和哲学思想对他们来说将变得越来越乏味。"[5]财富的确会带来物质舒适和一定程度上的自由，但通常需要付出极大的心理代价。

财富有时也会像一个善变的情人。里克·埃德尔曼在《财富》杂志上撰文称："注册理财规划师标准委员会表示，将近 1/3 的彩票中奖者宣布破产——这意味着他们的境况比变富有之前还要糟糕。其他研究则表明，彩票中奖者通常会逐渐与家人和朋友疏远，并且这一群体抑郁、吸毒、酗酒、离婚和自杀的概率都比普通美国人高。"[6]

俗话说"富不过三代"，指的是一种常见的情况，即第一代人创造的财富传到第三代人便会被挥霍一空。第一代人通过激情、毅力和勤奋等优秀品质创造了财富。第二代人了解这样的价值观，但由于他们已经在享受上一代人创造的优越生活，因此通常缺少最初打拼时所应具备的勇气。到第三代人，他们对这种优越的生活已经习以为常，家族创造财富时形成的价值观便已成为遥远的记忆。

当财富成为一种预期而不是需求时，人们对财富带来的益处的相对乐趣便趋于下降。类似于成瘾的情况，一旦人们努力奋斗并获得一定程度的财富时，它就成了一种常态，无法再给人满足感。然后，达成下一个更高目标的过程就令人心力交瘁。[7]契克森米哈赖指出：“财富，如同其他美好的事物一样，少量有益，但当人们越来越渴望它时，大量财富最终会变得有害而无益。”[8]

我有一些与富有的客户们打交道的经验，这些经验告诉我，金钱常常会干扰他们的生活。问题的关键在于，他们缺乏信任与同理心。在无法找到可以吐露心声的人时，成功的财富创造者的惯常做法是选择独处。他们带着难以言说的忧虑和挥之不去的困扰来到我的办公室，因为他们需要一个讨论和处理他们恐惧的出口。当被人倾听、理解和肯定时，我感受到了他们的如释重负。当他们意识到奋斗的旅程并不孤独，可以拥有伙伴和前辈指引前进的方向时，他们的自信心也重新建立起来了。

财富的增加会创造新的机遇与挑战。是的，你可能无须担心如何支付大量的账单，或谈钱的时候不再忧虑，但如果你在获得财富之前就对工作失去了激情，那么即使获得财富，也无法治愈此类疾病。可能财富激增会让你拥有更多的闲暇时间和更广泛的选择。你会觉得一切皆有可能，这种感觉简直像一份天赐的礼物，但对一些人来说，面对过多的选择可能反而是一种负担。理论上来说，“从工作中解脱出来”听起来很诱人，但实际情况却是，无所事事会让人对任何事物都兴致索然，并缺少目标感与身份认同感。

我写这本书是想帮助你在艰难的心理过程中前行，这是财富创造者常常需要经历的过程。在整本书中，我们将重新思考“成功”的定义，探索你的钱商；辨别围绕金钱产生的情感障碍，如家庭和婚姻关系、子女和金钱、慷慨和身份认同；探索你的价值观如何与金钱保持一致；探寻围绕人生最高使命的机遇。通过一些刻意的疏导，比如罗列一些诊断评估工具和客户案例，财富创造者可以摆脱来自金钱的压力和困扰，寻找内心的希望和宁静，以及真正的幸福。（注意：为了保护书中涉及的个人隐私，所有姓名和故事中的某些细节均已修改和泛化。）

本书是一套策略、一个框架，能帮助你彻底想清楚目前所面临的选择，以及如何采取行动并达成目标。本书将帮助你结合自己的实际生活和财富的多少，个性化制订你的创富计划。某些章节会与你的现实需求相关，而某些章节可以为你的未来提供有用的信息，因为随着财富的积累，你的生活会发生变化。我建议你完整阅读本书，全面了解各行各业的财富创造者遇到的问题以及他们面临的机会。

我真心认为财富是一份礼物。将之称为“礼物”或许弱化了为创造财富而打拼的人多年来的努力和天赋。创造财富的过程需要高强度的劳动，甚至会有一些牺牲。尽管如此，当你查看全球贫富数据时，你会因为拥有健康、家庭、教育、机遇和基础设施这些创造财富的条件而感到庆幸。

我对财富的定义不仅仅包括金钱。财富也包括我的人生、健康状况和人际关系。所有这些上天赐予的礼物，或者感性地说是上帝赐予的福泽，既可以享受，也需要有智慧地进行管理。当我们将财富看作礼物时，我们思考的问题就会从如何管理财富转变为如何最大限度地利用财富。

人们时常会为财富创造者提供许多关于如何管理财富这份礼物的实际方案，市面上也有很多其他关于创造财富和管理财富的书籍与资源。管理财富与最大限度地利用财富之间有着巨大的差别。管理财富包括股票期权行使计划、资产分配策略、节税投资、大学教育基金储备和保险范围审查等这些既宝贵又实用的操作建议。但本书不会讨论这些，因为这并不是那种“如何致富”的投资指南。

《财富创造者的七种资本》是一本告诉你金钱的实际意义的书，旨在帮助你从更高层面思考财富的目的，或者说，如何最大限度地利用财富。当生命终点来临，你回首往事时，思考自己是否妥善使用了这份“礼物”，是否追求了富有激情的生活，是否做了想做的事，是否对你所在的世界产生了影响。这些才是你会用来衡量是否“成功”的指标。

我的使命是改变你与金钱的关系，转换你看待金钱的角度，帮助你回答“金钱的意义是什么”这一问题。我希望你将不再想控制金钱和痴迷于金钱，也不再将追逐金钱当作目的，就好似拥有富有的生活全仰仗金钱一样。我希望你赢得生活与金钱这场博弈。财富创造者有着大多数人没有的优势，而我们将发掘金钱所带来的潜能和机遇。

简单来说，我希望让你的生命变得精彩，而不是让你的财富变得炫目。你拥有的金钱并不能代表你，但是你如何消费、投资、最大限度地利用金钱以及如何与金钱建立联系，能够说明你是谁以及你真正在意的是什么。与金钱的良性关系取决于你怎样理解你是谁、你因何而存在、你的独特贡献是什么。我将带领你一起，聚焦你所拥有的自身能量和外部财富，去丰盈自我、充实自我。我希望你能拥有这一切，过上真正富有的生活。

让我们开始吧！

第一章

重新定义成功

那是 1985 年，刚刚工作两年，我就被一家位于西雅图的全球知名会计师事务所解雇了，作为一名注册会计师的我正式失业。由于自尊心受挫，我感到很失败，于是决定参加迪恩威特证券公司举办的证券经纪人培训生项目。在那个年代，那些做证券经纪人的朋友确实过着富足的生活，股票市场也开始达到新的高度。而且就人际沟通的技巧与能力而言，证券经纪人的确比会计师这个工作更适合我，我也确实想从事一份可以帮助他人的工作。

经过 5 年的磨砺，通过当年最流行的招揽潜在客户的销售方式——“先微笑再拨号”，我建立了自己的证券业务客户群体。当时，我的目标是每天给当地 40~60 个家庭或公司打电话，为他们提供投资建议并帮助他们开户，以期未来向他们销售一些投资项目并赚取佣金。为期 12 个月的培训结束后，我的收入全部来自佣金，这也成为我快速学习如何熟练地销售股票、债券、共同基金的全部动力。

但对我来说，通过销售来赚取佣金的日常越来越难熬，不仅因为我职业初期的注册会计师经历已经成为客户可信的资源，还因为我不希望仅仅被客户当作一名销售看待。幸运的是，就在我逐渐无法忍受不断给陌生人打电话时，我妻子的叔叔联系了我。他服务于圣迭戈的一个富豪家族，这个家族打算在华盛顿州贝尔维市设立“家族办公室”，需要一名首席财务官。他们理想的人选就是我这样有一定金融市场经验，并且能够直接与家族创始人和首席执行官共事的人。我迅速抓住这个机会，将我的职业重心转移到我认为能推动我个人发展的领域内。

传统家族办公室是今天财富管理行业的起源。许多年来，多代富豪家族创造了“中央金融中心”，用于处理家族的金融事务，包括投资、会计、资产管理、房地产规划、法律、保险、其他金融事务，以及其他如旅行一类的附属业务。这种统一的管理方法，旨在通过家族办公室专业的管理、团队协商的方案、高效的运营、节约的成本以及顺畅的沟通，保护和维持家族财产的私密性。

作为一名首席财务官，我接触到了之前从未触及的领域：资产超过一亿美元（1990 年）的家族，商品房的开发与租赁业务，股票投资组合，多家运营公司，奢华的个人住宅、汽车、飞机，世界级的投资和法律团队，以及约 10 位专业理财人员。在全面了解这个家族的财务状况和财务目标的各种明细，并拥有能够影响上层决策的能力后，我开始体会到作为一名受到信赖的理财顾问的感受。

很快，我开始好奇是否还有其他和我一样的人为财富创造者提供此类全面而无冲突的咨询服务。当时微软创造了很多新的百万富翁，而我很自信社会上将出现大量类似于家族办公室的全面管理财务的需求。新一代财富创造者希望能以更低的成本和更简单的方式，用成熟的家族办公室的管理模式得到更多的收益。

于是我眼前清晰地呈现出财务咨询业务的发展方向，渴望从事此类业务的强烈愿景引领我进入了一家非常独特的公司。这家公司位于硅谷，主营业务是进行多客户咨询服务。公司了解新一代财富创造者的需求，并且为了提供更好的服务，正在打造一个平台。这家公司已经意识到，科技领域在逐步发展，太平洋西北地区出现了新贵，在这样的背景下，我在西雅图开设了该公司的第一个附属办公室。

当时的我似乎拥有了一切：获得了高级职业资格（注册会计师和注册金融分析师），有稳定的工作和幸福的婚姻，3 个可爱的孩子就读于优质私立学校，在郊区有一套新房子，还有一只狗，日常参加教会活动和公益活动，赚了更多的钱，合作的客户都在酷炫的科技领域工作。我可以一件件细数这些生活和金钱上的“成功”。

然而，表象之下，事情并没有朝着正确的方向发展。我的焦虑症发作得愈加频繁，症状愈加明显。一次在西雅图和主要财产规划小组开会时，我突然开始大量出汗，身体极度不适且说话吃力。我日渐无法认同公司的发展方向和老板们的生活理念。当时，在附属办公室的工作尤为艰难：我无法进入公司的核心圈层，无法每天与项目关键人物以及老板们进行面对面沟通。当然事情也有积极的一面，那就是我可以自由建立自己的客户关系，并且可以按照自己喜欢的方式布置办公室。

老板们想迅速扩张西雅图办公室的版图，决定扩大在我之上的领导团队，以防我离职时带走客户资源。于是西雅图办公室一时间多了很多新员工，其中包括某位老板的侄子。最后我们之间故意直接竞争，在公司发展前景和客户推荐来源上存在各种摩擦，同事之间缺乏信任。在我看来，老板们把注意力放在不惜一切代价获取财富上，将工作和地位凌驾于一切人际关系之上，并且认为只有弱者才会想要平衡工作与生活。钱，大量的钱，是他们唯一的目标，没有人关心结果如何。而我则刚开始意识到自己的个人目标和职业目标是建立在更深层次的基础上的。

1999 年 1 月，我例行拜访了位于加利福尼亚州门洛帕克的公司总部。总部办公室位于享有盛誉的旧金山南部的科技新贵的中心——沙山路。当时公司的两位老板要对我进行年度绩效评估。我提交了完美的述职报告，但我的身体却出了很大的问题。

我的老板之一佩里认为，我在绩效评估期间表现得非常“口是心非”（当时我并不明白这个词的意思，所以不得不去查了一下）。佩里知道，在我说“一切都很好”的表象下，我的内心正在经历完全相反的情绪。世俗的成功和巨大的财富与我的生活理念发生了碰撞，二者无法和谐共存。

佩里的评价着实让我感到震惊。因为我信奉“诚实”的品质，而在那一刻，我意识到我对老板们、对自己都言不由衷。我并不是故意要欺骗别人的，但当时我的内心十分挣扎，缺少幸福感和满足感，我对成功的定义逐渐发生改变。那天，佩里说出了他看到的事实，这对我来说是一件好事。

金钱等于成功吗?

以外界的衡量标准来看，我曾经取得过“成功”。但我并没有获得快乐、健康和安宁。不幸的是，很多“成功”的财富创造者与我相似。我曾与一位名叫罗布的风险投资家合作，他在职业生涯早期就积累了可观的财富。他承认，一味地追求财富给他的生活造成了很多消极的影响，因为追求财富需要他投入全部的注意力和精力，这导致他的人际关系破裂，还不得不把个人健康放在次要位置上。

我问他，如果时光倒流，他会去改变什么？他的答案似乎有违情理。他说自己很可能会做和过去一样的事情，因为他需要拥有财富资源，只有这样他才能选择自己想要的生活，比如送孩子们去私立学校，以及享受财富带来的其他便利条件。我之所以分享这个故事，是因为我认为它代表了许多人都会遵循的准则，因为这是我们唯一知道的准则：通过辛勤地工作获得财富和权力上的成功，牺牲健康和人际关系，期望有朝一日过上自己想要的生活。

畅销书作家及脆弱性研究专家布琳·布朗在一次采访中说道："以家人、夫妻、个体的角色去定义成功，是最强大的事情之一。大家默认（成功）的定义是'金钱、物质主义、技能和成就'。"她解释说，如果人们只在意是否取得狭义上的成功，即名誉、金钱和权力，就会产生倦怠情绪并对身心造成损害。[9]

诚然，金钱是一种强大的动力。正如我的客户罗布说的那样，他愿意牺牲自己的时间、精力、健康和人际关系，去换取金钱带来的便利、多重的选择和财富自由。对多数人来说，这似乎是可以提早建立"帝国"最正常的一条路。而在我自己的生活中，尤其是 30 多岁时，这种模式已经开始显露端倪。我们的文化所提倡的成功的定义是物质财富：房子、车子、一切可以用钱买到的"东西"。所有这一切都应该使人快乐。2010 年普林斯顿大学的一项研究表明，一旦某个人的年薪达到

75 000 美元，无论他的薪资之后如何增长，他都不会比之前感到更幸福。[10] 也就是说，一旦我们的基本需求被满足，金钱带来的满足感便趋于平稳。

罗布之所以仅仅关注他的财务成果，还有更深层次的原因，那就是这种模式让我们不必费心规划自己的生活，因为通常多数人并不知道该如何规划。如果我们持续聚焦如何扩大财富和财务安全，我们就不必深入了解自己，不必定义和设计未来，不必探索这些未知。因为对我们来说，尝试获得更多的财富才更容易。公平地讲，财富创造者需要提升事业所需的专业程度，背负养家糊口以及其他责任，这让他们几乎没有时间思考成功和金钱给自己的生活带来的影响和后果。

更广义的成功

渴望这一切没有错。早在 1999 年，我就意识到自己无法继续现在的道路，我更想要回归生活。我希望生活的方方面面蓬勃发展，无论是财务、职业满意度、家庭、健康还是其他重要目标，我甚至希望生活中能伴有冒险的旅程。生命只有一次，我想拥有更多激情与目标；希望更好地了解自我，治愈总在折磨我的焦虑症；想进行一次精神之旅，将信念付诸行动；

想知道自己是如何构造的；想了解什么能激发我的潜能，以及人生还有什么其他可能。

我希望有时间去指导我儿子的棒球队，并且成为一名积极的、有时间陪伴孩子的父亲，也希望能有同等的时间去陪伴妻子；我希望创造和创新一种重视人文关怀、追求卓越、关注个人成长与发展以及充实生活的商业文化，在这个世界上留下我的印记；我还希望积累财富，体验经济上的成功和由此产生的安全感，并可以变得慷慨大方。

年轻时我曾想过创办一家公司，但那时这只是一个不成熟的想法。但当我 37 岁时，我意识到这将是我最后一次能够把握住创造自己想要的未来的机会。当时我们的生活中还有很多事情存在风险，比如我们对当时的薪水及其创造的生活方式感到满足，随着薪水的增加，生活开销也增加了，而且我绝对不希望我们的生活水平倒退。但我也很清楚，我并不希望自己只局限于财务上的富足，但却变得郁郁寡欢、充满悔恨、停滞不前。

于是在接下来的 3 个月里，我开始筹备自己的事业——找到一间小小的行政办公室，买了电脑，给公司起了名字，列出项目清单和优先事项清单，然后祈祷一切顺利。当然，对于即将要开展的事业，我与妻子克勒也有过多次长谈。她是我的生活伙伴，也是我们财富的共同创造者，没有她的支持、信任与参与，我无法不断前行。我们需要成为完全意义上的盟友。

1999年5月5日，在所有计划实行的前一晚，我对即将要冒险去做的事情感到害怕和焦虑。我仍然记得当时自己仿佛站在悬崖边上凝望着深渊。我在真正意义上吓得要命，无法入睡，压力大到喘不过气，担忧着下面的深渊是否安全。

第二天早晨，我跳进了深渊，然后发现一切都好，高地私人财富管理公司诞生了。

在之后的19年里，我走在更广义的成功之路上。因为我意识到自己不愿以失去生活中所有甜蜜的瞬间为代价而获得金钱上的成功。我为自己重新定义的成功要素如下：

- 金钱并不等同于成功。
- 创造财富不需要牺牲你的健康、人际关系和其他重要的生活目标。
- 人生经历比物品更有价值。
- 慷慨是创造快乐的秘诀。
- 了解“满足”和“绰绰有余”的界限。
- 有意识地设定生活的水平线，防止它攀升。
- 谋求持续的学习与成长。
- 与配偶达成相同的价值观。
- 了解金钱的意义是什么。

我相信，如果我们以更全面和细致的方式而不是单纯以经济目标定义成功，我们就会过上更好的生活。死亡来临时我们无法带走金钱，并且诸多研究表明，金钱无法增加快乐。

2018年喜剧演员金·凯瑞在一次访谈中说道："当你拥有所有人梦寐以求的一切的时候，结果发现你还是不快乐。"[11] 记者兼作家柯尔丝滕·鲍尔斯在《今日美国》的一篇文章中指出，我们生活在一个与家庭、朋友、社区切断联系的文化中，转而慌乱地追求成功的外在形式：升职、加薪、买新车和新房。她写道："我们忙于'达成目标'，而没有意识到一旦达成目标，我们将并不满足于此……在许多方面，达成目标反而会让人怅然若失。这告诉我们一个真相，那就是无论是购买、占有还是完成某些目标，没有什么东西能够使人长期感到满足。"[12]

但如果我们对于成功的定义转变为有"重要意义"呢？假如我们深信生活比钱包重要得多，衡量成功的标准就在于你将成为怎样的人，拥有的人际关系的质量和深度，你所表现出的同理心，以及与需要帮助的人分享的慷慨大方，我们将做出怎样的选择？

千禧一代正以更宽广、更健康的方式看待生活。他们正打破金钱是终极目的、是成功的唯一客观衡量标准的思维。他们不愿意把自己的盛年浪费在构建财富帝国上。他们更愿意在通往成功的道路上就品尝果实，而非直到终点才这么做。尽管"美国梦"就建立在对物质的极大需求上，千禧一代仍然更愿意积累经验而非财富。

一项由哈里斯公司主导、Eventbrite（在线服务策划平台）赞助的调查报告显示："这代人不仅高度重视人生履历，并且越发愿意花时间和金钱去积累人生体验：从音乐会到社交活动，再到体育比赛以及各式各样的文化体验和事件。对于这代人来说，幸福并不依附于财产和职业地位。过一种有意义、幸福的生活，就是去创造、分享和捕捉在跨越人生中的不同机遇时获得的记忆。"[13]

千禧一代对工作的期许更多。德勤在调查了 29 个国家的 7 700 多名千禧一代后发布了《2015 千禧一代年度调查报告》，根据该报告，60% 的人提到了"目标感"这个词，这也是他们选择现有公司的原因。[14] 他们并不追求更高的工资，但更愿意选择能够体现个人价值的公司。调查报告还显示，70% 的人认为他们工作的公司与他们有着相同的个人价值观。

旅途的确充满欢乐。这也是为什么人生经历要比物质财富更能充实我们的生活。《财富》杂志 100 强企业之一的一位名叫艾丽斯的高管发现，为家人设计和规划生活经历具有"重要意义"。她近期参加了一个"母子春假探险"活动，带着儿子去日本参观游玩。尽管她有能力预订飞机头等舱和五星级酒店，但她仍然选择了经济舱，并选择在爱彼迎上预订房间。

她希望孩子们能更接地气，去了解资源短缺是怎样的情形，并希望他们明白无须花很多钱也可以拥有精彩的体验。她此行的目的就是体验丰富多样的、值得回忆和珍视的家庭活动。与所爱和关心的人共同拥有珍贵的回忆难道不有趣吗？而那些总是追求“更大更好”的物质享受的人，则像是在玩一个无止境的游戏，永不停歇。

找到财务“满足点”

重新定义成功是最大限度地提高人生回报的第一步。当金钱是唯一的衡量标准时，我们会轻易地迷失于达成某个经济上的目标，而非从人际关系、人生经历以及其他人生目标中获得满足。当然，我们每个人都需要找到自己财务上的“满足点”。

对于长期生活在硅谷、纽约、西雅图以及其他人口收入高、经济高增长地区的财富创造者而言，这是一个极大的挑战。在这些地区，总有人拥有更多的资产、更大的房子、更豪华的汽车甚至是私人飞机，所有东西都十分昂贵（尤其是房子和教育），邻居每天都在享受奢侈的生活。在这种环境中生存，人们很容易相信，自己只是中产阶级。在这种情形下，你会很快习惯生活中的大量开销，并且生活水平不由自主地攀升。如果总跟比自己富有的人攀比，我们将永远无法达到“满足点”。

克里斯托弗在纳什维尔一家成功的初创公司担任首席执行

官。他与我分享了他的目标：除了拥有宝贵的房产和度假产业之外，流动资产要达到 1 000 万美元。他告诉我这是他的“去你的资产”①。我随后问他如何定义他所说的这类资产，以及这类资产对他来说为什么这么重要。他表示这是他真正意义上做自己想做的事，不再忙于“赚钱游戏”所需达成的最低目标。只有达到这个数字，他才觉得自己能够摆脱工作或免于依赖任何人。

这种分裂自我和自给自足的愿望是不健康的，并且会引起反常的囤积欲望。我们对于财务安全感的需求应该建立在对周围环境不确定性的控制上。但我们错误地认为，只要拥有强大的物质基础，就能抚平自己动荡的情绪，就能从积累大量财富的“安全感”中找到安宁。

我建议你坐下来计算一下自己的财务“满足点”。无论是通过理财顾问，还是使用任何免费的在线工具和资源（更多细节请参见附录），你都可以先创建一个财务计划，估算一下你当前支出水平（与收入和存款相关）的可持续性，以此来判定现有财富能够实现“满足”计划中所有需求的可能性。估算其中的固定支出对于降低消费非常重要，如通货膨胀、税金、投资回报等，因为在计算结果中这些固定支出占有更大的比重。而且比起大学学费和医疗费用，固定支出受通货膨胀的影响更大。

你可以将此练习视作既认清现实又可以憧憬未来的方

---

① “去你的资产”指，当你的工作失去乐趣，你被逼迫做不想做的事情时，你拥有一笔可观的资产，可以使你潇洒地回应道：“去你的吧！”——译者注

式 —— 一种更实际地描绘你支撑希望和梦想所需财产基础的蓝图的方式。大多数财务计划软件的妙处就在于，你可以迭代各种假设，改变变量，并立即查看这些变量对结果的影响。如果将财务生活战略性地划分为必需、需要和愿望这三个层面，此练习恰好是一种十分有用的工具。而查看实际数字也有助于建立信心，明确任务。

当然，生活变化很快，财务计划亦然。但如果每年重新审视这些数字至少一次，查看你对于最终结果的贡献，就能够了解自己目前需要做出哪些调整。同样，这也是一次厘清你生活开销的机会，一次寻求提升资源管理能力的机会。保留多出的资源，就可以为你在意的人和事创立一个“绰绰有余”的财务计划。

当我们回顾过去认真思考时，会发现与世界上的其他人相比，任何一位财富创造者的财富水平都是惊人的，因为这些人中收入最高的 1% 的群体的薪资水平，平均大约为 45 000 美元。因此，与全球同胞们相比，财富创造者们和多数中产阶级已经处于财富的最高层，无须担忧如何获取基本必需品，也无须担忧是否有获得欲望清单上的任何事物的机会。

然而，讽刺的是，根据圣母大学的克里斯蒂安 · 史密斯主导的一项关于“慷慨”的研究，人们如果总是在意自己拥有什么，不停地想如何才能免于受到生活中不确定性因素和未来可能发生的不幸事件的影响，那么会变得更加焦虑，更容易受到未来不确定性的影响。慷慨是创造快乐的秘诀。因此，当我们转而去帮助别人，对他们的生活产生重大影响时，我们也增加了自身的幸福感。史密斯的调查研究说明，慷慨与能否过上更好的生活密切相关：慷慨大方的人更快乐，更少生病受伤，有更强的信念感，也很少感到沮丧。[15]

计算财务独立程度的一个好处在于，你可以对自己“给予”的能力有清晰的认知，即你所拥有的超出你需要的资源，以及你现在或者未来可以“给予”的资源（我们将在第三章更深入地探讨给予和博爱的能力）。我认为，多数人没能慷慨付出，是因为他们确实不知道自己可以“给予”什么，所以他们总是袖手旁观。

了解自己有“给予”和“给予”多少的能力，就是在给自己赋能。“给予”有可定量的一面：通过计算财务数字，从而确定你能够“给予”他人的财务能力的大小。此外，“给予”有可定性的一面，这取决于你对于慷慨的定义。对于我和克勒来说，我们将慷慨视作一种信念，因此，我们会将年收入的10% 捐赠给教会和其他慈善事业。过去我们一直没能达到这样的水平，但我们对此的承诺一直引领我们朝着这个方向前进。

而关于“给予”的最后一个方面，则具有实验性质。由于每个人的经历不同，你的心会告诉你所能抵达的地方。积极的财富创造者可以尝试向他们感兴趣的慈善机构捐款，甚至可以是 50 美元或 100 美元这样的小额捐款，并开始与一个或多个慈善机构建立情感联系。金钱的多少是次要的，最重要的是，认清是什么连接你的内心，驱使你给予多少。

一旦你清楚地了解实现人生愿景需要多少资金，你就可以定义自己的“满足点”。超出的财富就会变为盈余，这就是繁重的工作开始的地方。从这里开始，我们就可以仔细思考这些钱到底能用来做什么。因为我仅有一次生命，我希望自己在生活中能尽量做到最好，而不是仅仅局限于经济这个层面。生活就像财富，也是一份礼物，我们都渴望得到一份有意义的投资回报。过着渺小、无能和无效的生活是多么可耻。当我回首往事，我想要最大限度地丰富我的生活，将其做到最充实。

我希望所有财富创造者都能通过发现成功的新定义来感受自己拥有的精彩生活。在将生活重心重新放在关联、创造、学习和给予之后，我发现了一个事实：成功远不止关乎金钱。

下一章我们将探讨财富创造者在财富生命周期中面对的现实情况和情感涌动，并讨论如何处理随着财富增长而产生的复杂情况。

在探索自身与金钱、成功的关系时，请思考以下问题：

- 你现在对成功的定义是什么？
- 你对自己的财务生活有何种担忧？
- 对你来说，拥有多少财富才能达到“满足点”？

第二章

新百万富翁与财富生命周期

财富创造已经成为当今世界的一种生活方式。如今美国人进入百万富翁俱乐部的人数空前。截至 2017 年，美国约有 1 530 万人拥有 100 万美元及以上资产，而全球则有 3 600 万名百万富翁。事实上，2016—2017 年[16]，美国每天都会产生 3 000 名百万富翁，也就是说，每分钟都会产生超过两名百万富翁。

这些新的财富创造者是谁呢？（注意“财富创造者”不仅仅指已经获得财富的人，也指那些还在追求财富、努力在未来获取财富的人。）

财富创造者通常并非来自特权阶层。一般来说，他们是自己家族创造财富的第一代人。他们的父母也许并不贫穷，并且很多成长于中产家庭，有的甚至是上层中产家庭，但依旧被挡在高档社区之外。

即便他们的父母是成功的教师、专家或者商人，但未曾创造可观的财富。许多财富创造者为了获得想要的东西，不得不从很小的时候就开始努力，动力满满地完成一些事情。他们通常受过良好的教育，会和志同道合的伙伴一起去做一些有趣的、刺激的或者炫酷的工作。他们的职业目标也许并不是获得财富，但金钱绝对是他们奋进的一种动力。

财富创造者是“New Money”[①]而不是“Old Money”[②]。“Old Money”指的是具有多代财富积累的家族，一般配备家族办公室并有着漫长的历史，这样的家族中有一位领军人物，管理着家族年青一代的财务状况。“New Money”则是指第一代财富创造者，随着财富的增长，他们并无明确的领袖人物和致富经验，却有着节俭的良好品质。

财富创造者得到的财富也许并不和他们对业务的投入呈正比，他们很清楚自己是幸运儿。或许，可以称之为“意外的百万富翁”。很多财富创造者幸运地站在了历史的风口，凭借优良的企业家精神，有的人成功创业，有的人碰巧大赚一笔，于是获得了相当的财富。

微软便是典型案例。在某些特定年代就职于微软的员工，其个人净资产可能发生了天翻地覆的变化。例如，20 世纪 90 年代微软股价和股票经纪账户大幅上涨，而在 2000 年后则表现平庸，并未产生相同的员工回报（过去 3 年除外）。因此，

---

① New Money，直译为“新钱”，指靠自己努力打拼积累财富的新贵阶层。——译者注

② Old Money，直译为“老钱”，指祖祖辈辈都非常富有的富豪世家。——译者注

对于那些以股票期权或其他以股票为基础获得报酬的员工来说，时机就是一切。因此，创建或者就职于高成长性企业，是投入巨大精神和情感能量后实现丰厚财务回报的关键。

财富创造者希望以成功人士的角色参与那些重要且有趣的项目。他们通常会被一些成功且有丰厚经济回报的公司吸引。他们也喜欢聚集于创业资金流动大以及企业蓬勃发展的城市，例如硅谷、西雅图、波士顿、亚特兰大、奥斯汀和洛杉矶。

他们愿意与极其聪明的人和能够挑战他们的人一起共事。在他们眼中，年轻并不意味着不可靠，创新值得回报。他们喜欢快节奏的环境，崇尚目标明确的精英文化；然而，为实现目标而产生的压力和工作强度会严重影响个人生活。

有的财富创造者可能经历过“一夜暴富”的情况。例如，有的人所在的公司成功上市后的某一天，其所持有的股票、期权等可以流通变现；有的人则是通过获得遗产、出售公司业务、收到保险理赔或者中彩票而一夜暴富。我将这些人也归到“财富创造者”中，因为他们所经历的情感和财务境况和其他新的财富创造者非常一致。

无论是通过日积月累获得财富，还是由于公司成功上市、突然得到意外之财而变富，财富创造者都有一个共同特点，那就是他们刚刚获得巨额资金，还不知道金钱将如何改变他们的生活。

财富的两面性

当然，财富创造者充分明白并享受拥有财富的种种好处。有谁会不喜欢可以选择工作或者玩乐的自由呢？更不用说与爱人共度欢乐时光，去梦想的地方自在旅行，享受舒适乃至豪华的生活方式的快乐。财富的确是一份馈赠。

但财富有时也伴有一些难以辨别的陷阱和难以把控的风险。财富会让人感到更加孤独：无论是工作还是玩乐，财富创造者都倾向于单独行动，这更容易引发抑郁症和焦虑症。亚利桑那州立大学心理学教授苏妮娅·S. 卢塔尔曾指出："矛盾的是，高档社区中的居民最容易产生友情，也最容易产生孤独感。尤其一些位于郊区的高档社区，其社区特征极易导致居民的孤独感增加。究其原因，为了确保隐私安全，社区房屋普遍相隔较远，并且通常配备高大的树篱、宽阔的草坪和长长的车道。"[17] 换句话说，富人与他人的物理距离也会导致这样的孤独感。

随着财富的增加，富人们在服务上的消费能力也随之增加，曾经要想获得这类服务，通常需要家庭、邻居或者社区的帮助。"富裕的人有足够的能力消费各种服务，例如抑郁症的心理治疗、医疗服务以及儿童专业护理等，而这些都不必依靠朋友的帮助，于是他们很少能够获得来自他人的关心而产生的安全感。因此，从本质上讲，富人们是最不可能体验到由深层社会联系而产生安全感的群体。普通社区居民通常不可避免地相互依赖，因此更能体会这样的情感。”[18]

富有会导致依赖关系的缺失，因此，富人会时常感到仿佛与世隔绝，并缺乏社群意识。而造成此类人际关系孤立的部分原因是，财富创造者拥有无数的选择：他们可以随心选择成为教会、俱乐部或者其他社会团体中的一员，但如果他们愿意，也能随时选择离开。讽刺的是，选择上的过度自由削弱了人们对特定群体的归属感和联结感。

我认为，财富创造者所经历的孤独感与其财富水平密切相关。刚获得大笔财富的人可能会发觉，能够与自己所处环境相关联的人越来越少。无论财富带来的是正面影响还是负面影响，财富创造者都难以找到可以理解自己目标的朋友，却经常需要面对来自老友或是家人嫉妒的心理，抑或是旁人用艳羡的声音说：“你太幸运了！”

对于刚变富的人来说，他们时常感到负疚，既因为他们比周围的人拥有得更多，又因为他们无法开诚布公地诉说财富带来的种种挑战，以及由此产生的消极情绪。心理治疗师认为，富有的人会因为自身的痛苦而感到困惑和内疚。一位心理治疗师曾说：“我数不清有多少次，一位衣着光鲜的女士，停好她的豪华轿车后，优雅地走进我的办公室坐下，在对我说完‘我的生活完美无瑕，我拥有了我所想要的一切’后，却突然放声大哭，并说道：‘我为什么这么不开心，这根本说不通啊！我必须要克服才行！’”[19]

对于财富创造者而言，财富还会带来一个不利因素。研究表明，人们的社会经济地位越高，道德感就越低，相应也会变得愈加自私和以自我为中心。只需要看看新闻便可得知，那些经常出现在大众视野中的名人以及成功的商业领袖的举止好似在告诉大家，他们才是宇宙的中心，法律并不适用于他们。

来自加利福尼亚大学伯克利分校的社会心理学家保罗·K.皮夫及其同事进行过7项系列调查研究。研究表明，上流社会的人比底层群体更不讲道德，具体表现在：开车时触犯交通法规，从他人身上攫取有价值的事物，做出不道德的决策，谈判时说谎，为了赢不惜作弊，甚至在工作中鼓吹不道德的行为。皮夫认为：“尽管有钱并不意味着任何人可以做任何事，但富人们还是更愿意把自己的利益凌驾于他人的利益之上。这使得他们的浑蛋特质展现得更为明显。”[20]

为什么上流社会的人会更倾向于这些行为？研究人员认为：“上流社会的个体相对来说更独立于他人，并且由于他们职业的隐私度高，减少了社会结构对他们的限制，因此降低了实施不道德行为导致风险的感知能力。当然，他们拥有诸多资源，可以用于应对因不道德行为产生的不良后果，这也大大增加了他们做出这些行为的可能性。”研究人员同时表示，上流社会的人的自我感知，会使他们认为自己拥有特权，从而无视自身行为对他人产生的后果。[21] 同样，孤独感也是造成这些行为的一个因素。

财富确实在许多方面会导致人们变得更加糟糕。我们已经讨论过的情况有日益增长的孤独感、不道德行为、自私自利以及抑郁症。但财富也减少了人们出于慷慨、同情和同理心时会做出的行为。加利福尼亚大学伯克利分校于 2011 年进行了一项调查，心理学家珍妮弗·施特勒调研指出，中上阶层以及富有家庭出身的学生的同情心，要远远低于较之而言低收入家庭的学生。

一项调查中，学生们被要求就富有同情心的行为进行自我阐述，而另一项调查则需要给参与的学生连接心率测量仪，监测他们在观看能够触发同情心的视频时的心率。施特勒教授指出：“我们发现，在产生同情心时，他们的心率会降低，就好像身体试图平静下来，以便照顾另一个人一样。”来自较低收入家庭的学生在观看视频的过程中被监测到心率逐渐变慢，这便是心理上产生同情的生理标志。施特勒还指出，来自高收入家庭的学生具有感知同情的能力，但他们缺乏观察和注意到他人苦难的经验。[22] 这再次说明，财富带来的孤立效应会导致感知痛苦和应对痛苦的能力缺失。

我会定期查看列出了数百万美元收入（全部资产可能更

多）的纳税申报表，结果发现其中用于慈善捐款的数额很小，有时上面甚至没有任何捐款数额。打个比方，某人有价值 2 000 万美元的资产，当年调整后总收入（Adjusted Gross Income，AGI）为 100 万美元，其中慈善捐款数额为 25 000 美元。就捐款数额本身而言，这是一个很大的数字，但相较于其整体财富水平而言，这只是一个很小的数字——仅占其资产的一小部分。

当我为一些刚刚积累了一定财富的人做咨询时，我了解到，比起开展意义重大的慈善事业，他们更愿意专注于积累财富的事业。慈善捐款属于多数高收入家庭的经济活动——随着收入水平的提高，很多家庭会进行慈善捐赠，但数额仅占全部收入的 2%~3%。事实上，尽管很少有低收入家庭（收入低于 25 000 美元的家庭）会给慈善机构捐款，但捐款的家庭捐赠的比例却是其收入的 12%。[23]

考虑到获得财富后的种种潜在情感和心理弊端，你可能会问自己，为什么有人想成为百万富翁？《圣经》说：“爱财是万恶之源。”但是，财富真的不好吗？我认为赚钱并享受劳动果实本身并没有错。真正“罪恶”的是金钱转变成的其他形式，如控制欲、权力、不健康的自我满足。

财富就像重力一样，将我们拽入一个更自我的世界，使我们与生活隔绝开来，从而被动实现一种病态的独立，仿佛我们不需要任何人或任何事。财富使我们以为自己可以掌控一切、仲裁一切，成为各种事物的“神”。很多人错误地认为，只要拥有越来越多的资源，我们就能免受生活中的种种困难和痛苦，不断去追求“更多”才会获得快乐。然而，无论是调查研究还是经验都告诉我，那些拥有富丽堂皇的房屋、躲在21世纪城堡中的人和其他人一样，也经历着孤独，渴望着充实的、与他人有关联且有目标感的生活。

财富生命周期

想要拥抱财富带来的益处、规避种种陷阱，首先要了解我所说的“财富生命周期”的概念。财富带来的实际后果与情感影响并不同步，但二者却与你所处的创造财富阶段息息相关。凭借多年与成功的财富创造者打交道的经验，随着他们财富的增加和时间的流逝，我总结出了一些模式。财富生命周期通常分为三个阶段：创造财富、管理财富和关联财富（见图2.1）。

第一阶段：创造财富

这一阶段的目标是积累大量财富，获得自由支配的时间、无数的选择。通常来说，多数人的最终目标是“退休”或停止工作，转而专注于其他事物和让他们拥有激情的事情。在这个阶段，财富创造者希望从财富中获得安全感——知道自己有足够多的金钱维持目前的生活方式，即便不工作也可以支付生活开销。在这个阶段，你可能会问自己：

- 我到底有多少钱？
- 这些钱足以创造我未来想要的生活方式吗？
- 获得流动资产最好的方法是什么？什么时候才能获得？
- 我需要理财顾问吗？

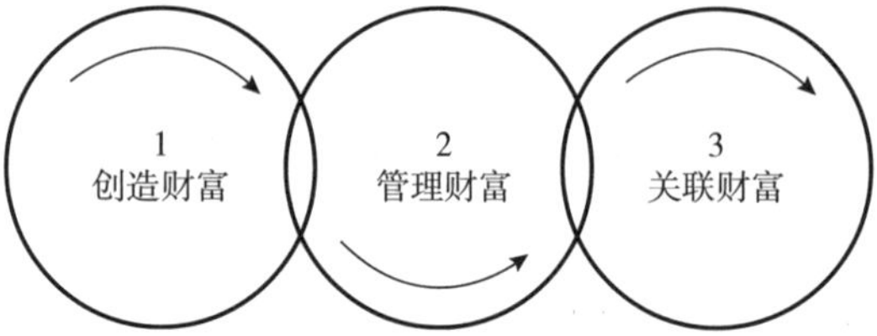

图 2.1　财富生命周期

在此阶段，你开始体验到围绕着财富产生的一些情感压力，例如担心财富是否够多，财富如何影响自己的职业轨迹和职业生涯的目标。如果没能达到预期的财产目标，你会产生悔恨、困惑甚至嫉妒的情绪。你将忙着创造财富，没有时间、意愿和知识自信地管理自己的资产，但寻求外部渠道的帮助又使你缺乏安全感。在这个阶段，你无法了解自己未知的事物。

第一阶段案例

史蒂夫是一家风险投资公司的高级工程师，他的妻子安吉是一名社会工作者。他们年近 30 岁，家庭日益壮大，并专注于建立家庭财务储备金。在创造财富阶段，他们的银行存款以及各类养老金账户已经达到 50 万美元，并拥有价值 200 万美元的既得和未得股票期权。他们最近购入了一套位于波士顿郊区价值 60 万美元的房产，拥有适度又能保证舒适的生活消费模式。

史蒂夫忙于工作，安吉忙于孩子和家务，这是一对夫妇的典型模式。尽管养家的压力越来越小，但忙碌的工作和生活让他们没有时间思考如何支配银行卡上增长的余额，以及这对他们的生活产生的影响。

史蒂夫和安吉能够感觉到，为了获得财务上的安全感，他们正朝着正确的方向努力。但他们也有一种不好的预感，那就是对管理财富的无知可能会让他们脱离原来的目标。实际上，他们担心自己做出一些愚蠢的举动，从而给生活造成困扰。夫妇俩均毕业于名校，以他们的智力水平和教育背景，再结合互联网上诸多有价值的信息与服务，他们觉得自己本应该有能力独立管理自己的资产。但如果他们诚实地面对自己和对方，就会发现其实他们并没有时间、精力和相关知识去思考更多有关财富的事情。辛苦的工作和家庭事务充斥着他们的一切。

然而，作为财富新手，每当孩子入睡后，一些挥之不去的问题总会浮出水面，并且无法得到妥善解决。比如，需要存多少钱才能退休？需要多少人寿保险？是否买得起一套更大的房子？什么时候是分散期权和限制性股票的最好时机？

他们考虑过寻求理财顾问的帮助，但也怕被推销一系列理财产品。即便他们愿意雇用一名理财顾问，他们也不清楚如何选人、应该有何种预期，以及需要花费多少钱。而且看起来，那些拥有理财顾问的朋友比他们富有得多。其实，只要他们能找到价格合适、能够信任并能指导他们进行财务管理的顾问就能解决问题。

因此，在第一阶段，你的重点应放在自我学习、了解常见的财务陷阱和基础的财务管理需求上，并开始寻找可以一起成长的主要理财顾问。只需关注可以让你的财务管理生活更清晰和自信的服务内容，无须过度依赖顾问服务，避免花费不必要的金钱。目前的你正处于有能力简单有效地处理基本财富管理需求的阶段。

之后便需要找一位理财顾问了，他们最好拥有诸如注册会计师、注册理财规划师或注册金融分析师等高级职业资格，能够独立完成工作或就职于财富管理或证券经纪公司。（我们将在第三章讨论关于各类理财顾问的不同之处；有关不同理财顾问称号的详细信息，请参阅附录。）

第二阶段：管理财富

本阶段会探究日益增长的资产中涉及的决策、术语和策略等内容。这可谓是一项繁重的新任务。财富创造者拥有很多机会和选择，但却缺少能够评估交易、风险、生活方式的长期可持续性以及预算决策的框架。你会好奇：

- 我能够负担得起雇用一名理财顾问的费用吗？还是应该继续自我管理财富？
- 我应该如何寻找并管理我所需要的其他专业人士，如律师、注册会计师和保险顾问等？
- 我能承担多大的风险？
- 我的财务计算方式是否长期有效？
- 我的金钱如何免遭损失？
- 我该一次性还清债务还是分期偿还？
- 比起同等财富水平的人，我的消费能力如何？我们能否买得起一套新房子或拥有第二套房子？
- 支付孩子学费的最佳方法是什么？

财富创造者不愿意在第二阶段错过任何机会，不想付出试错的代价，也不想显得愚蠢。在这个阶段，他们会得到来自家人和朋友的诸多建议，更不用说无数金融零售业务公司推出的令人眼花缭乱的产品了。

通常来说，这是一个迷茫的阶段，金钱开始产生更大的情感作用力。人们对如何处理日益增加的生活复杂程度而感到困扰，同时，当生活水平随着财富的增加而提高时，能否长期可持续地维持这种水平的压力也随之而来。在这一阶段，财富创造者开始过度控制财务细节，因为他们非常害怕失去金钱、降低生活品质。

第二阶段的目标是尽可能地使资产管理变得更简单和流畅，减轻压力，做决策时充满信心，并开始享受财富带来的益处。在这一阶段，对财富创造者来说最关键的一步就是，找到理财顾问并与之建立信任关系。也是在这一阶段，财富创造者开始思考一个问题："金钱的意义是什么？"

第二阶段案例

瑞秋是苹果公司的一名高管，35 岁左右，离异并带着两个孩子，住在旧金山。她是一位高调且有影响力的领导者，能管理复杂的工作和生活事务。她出差频繁、日程紧张、生活节奏快，很少有自己的时间。

包含现金投资、股票期权以及房产在内，瑞秋的个人净资产约有 1 000 万美元。她的年薪便可以覆盖每年 30 万美元的生活开销，甚至还能不断填充她的退休金。

她的资产在过去几年飞速增长，资产复杂程度也随之攀升，这导致她无法独自妥善管理这些资产。因此，瑞秋提出了一系列管理财富的需求，包括财务计划、股票期权的投资时机和多元化管理、房产和纳税计划、投资组合管理等。她已经意识到自己需要寻找、雇用和管理一个专业的顾问团队，帮助她更自信地在有限的时间、精力和情感投入下掌握自己的财务生活。

对瑞秋来说，金钱等同于自由、选择、对兴趣与热爱的专注、自由消费以及可以放下经验和亲密关系的能力。然而，她的生活成本也在过去几年不断攀升。但她却不了解，相较于同等财力的人来说，她能否稳定维持目前的消费水平？她的消费处于何种水平？她的财务计算方式是否长期有效？除此之外，股市的波动像是一场被操纵的游戏，这让她无比紧张，因为她不希望生活水平倒退，以至于从头再来。

随着财富的增加，她也越来越忧心自己的孩子将来应得的权益，以及财富对家人和朋友的影响。她希望朋友们可以像原来一样对待她。但她仍然感到孤独，因为在她的人际交往圈中，能够理解她所面对的问题与担忧的人越来越少。与此同时，如果发生任何不可预料的事件，她不希望自己的孩子和家人因为钱而不堪重负。

在这一阶段，打理金钱与享受金钱发生了冲突。像在商业领域中一样，优秀的财富管理能够让人明确而自信，并推动事情朝着积极的方向发展；糟糕的财富管理则会使人产生焦虑、迷茫和沮丧的情绪。当你处于第二阶段时，你所雇用的理财团队的技能和经验将对财富管理效果产生巨大的影响。而现在，是时候升级和扩大你所依赖的团队了。

你需要寻找一位财富管理人担任你的“私人财务总监”，他能够全面了解你的财务状况，帮助你与理财团队进行沟通和协调，将你的特定需求转化为积极的行动，从而让你的生活变得简单起来。通常来说，这个人就是注册投资顾问（Registered Investment Advisor，RIA）。（更多有关 RIA 的信息，请见第三章。）

请记住，舒适的财富管理是一个持续的过程，不可一蹴而就。请继续学习，继续发问。

第三阶段：关联财富

这一阶段将引领财富创造者踏上有关财富目标、慷慨和“关联财富”的内在旅程。第三阶段的目的在于，将你的价值观和你所拥有的财富关联起来。当财富创造者感到财务安全，并清楚自己可以享受一定的生活水平而无须担忧金钱耗尽时，当他们拥有有效的财务管理系统和专业人员时，就可以将注意力从管理财富转向如何实现财富最大化上。

财富创造者想弄明白如何与金钱建立健康的关系。他们可能还会问：

- 生命的意义和目标是什么（尤其当你不再身居高位，不再从事有意义的工作时）？
- 如何将时间投入职业或非职业的工作中？
- 金钱会使我快乐吗？
- 慈善将在我生命中占据怎样的位置？
- “意义重大”是指什么？
- 财富将如何影响我的婚姻或恋爱生活？
- 我如何将金钱带给孩子的影响降到最低？

在第三阶段，财富创造者会开始好奇：“我的生命意义何在？”“金钱如何才能促成最终的目标或与最终的目标达成一致？”

你与金钱的关联方式将影响你生命中所有的人际关系。当你设法回答“金钱的意义是什么”这个问题时，也许你和伴侣的分歧便由此显现。当你的生活方式发生改变，周围的人明显感觉到所拥有的财富比你少，或产生嫉妒的情绪时，你的友谊，甚至家庭关系也许会变得有些剑拔弩张或令人无所适从。

源于童年时期就已经根深蒂固的金钱观念，一些财富创造者对于刚获得的财务自由深感不安，甚至会隐藏他们的财务状况。但子女们一定能感受到金钱带来的影响，他们的情感和其他方面是否顺利将是财富创造者需要思考的大问题。我们会在第四章和第五章探讨金钱对财富创造者人际关系的影响。

许多财富创造者想积极参与和影响周围的世界，希望通过慷慨之举影响他们关心的事业。他们有可能想成立一家新的公司，让这家公司的业务与自身深切关心的事物保持一致。他们还担忧如何留下遗产，如何将经济投资与自身价值观关联起来，弄清楚“成功”到底意味着什么。换句话说，他们想知道“我最大的贡献是什么”或者“我为什么存在”。我们将在第七章和第八章深入探讨这些问题。

当财富创造者在这一阶段找到了他们关于金钱和意义的答案时，才更有可能规避上述财富陷阱。当他们获得更高层次的目标感和关联感时，他们的人际关系才会更健康，也更容易享受财富。

第三阶段案例

迈克尔和埃米是一对 40 岁刚出头的夫妇，他们住在帕洛阿尔托，有一对十几岁的双胞胎儿子。埃米在谷歌任职，事业很成功，而迈克尔是一家律师事务所的合伙人。除了拥有广泛的社交外，他们也十分热衷于政治和慈善事业。

这对夫妇的资产净值超过 2 000 万美元，对保持目前的生活水平充满信心。他们的心态非常平和，能够预见财富迅速增长时的起伏，也享受财富带来的种种机会，无论是现在还是将来。时间自由是在有限的时间内获得价值而不是追求更多的金钱——他们愿意花费时间充分探索兴趣和激情所在，了解如何增加他们的慈善影响力，将财富投资在他们关注的社会问题和环境问题上。

过去 10 年里，他们一直忙于积累和管理财富，专注于日常生活的琐碎小事，以至于没时间深入思考理想的未来是什么样的。只有假期时他们才就长远目标进行了讨论，但却没有太多动力去深入探索和计划他们的财富影响力。

迈克尔和埃米十分担忧，在硅谷如此富有的环境中培养出的孩子不再有动力创造卓有成效的生活。从策略上讲，他们曾考虑过建立信托基金和进行房产规划，以限制他们留给孩子的财产金额，但他们又无法确定应该给孩子留多少财产、什么时候实施，就更别提其他家庭成员了。

埃米有过辞职的念头，想象过其他职业甚至探险活动会给她的生活、家庭注入多少活力。她想最大限度地减少对工作的“财富依赖”，更专心地设计以激情和目标为导向的生活方式。

埃米之所以很难跨越到那种以激情为导向的未来，是因为她早年的经历。她的父亲早早退休，但却没有享受到退休带来的愉悦，反而一直苦苦挣扎着。她曾经亲眼见证了家人难过的经历，由此产生了挥之不去的消极情绪。因此，如果她要选择一条完全不同于现状的道路去追寻幸福和意义，就必须解决这种消极情绪。

迈克尔十分满意自己的工作和客户，他的工作按小时计费，这为他带来了可观的收入。然而，比起埃米的股权，他的收入还是相形见绌。他们有足够的钱支撑他从律所退休后的生活，但他担心这会影响孩子们的发展。他想成为孩子们的榜样，并帮助他们养成良好的职业道德。由此可见，对财富创造者来说，在第三阶段面临的最大的挑战之一是，当“达到那个数字”后，他们需要找到生活的意义和目标，金钱已经不再是影响职业决策的因素了。

另一位正处于第三阶段的客户叫布拉迪，他出售了自己正在赢利的娱乐公司。由于拥有一笔可观的财富，他可以做任何他想做的事。然而，由于金钱使一切都唾手可得，所以没有什么能让他真正兴奋起来的事。过去 3 年他一直苦苦挣扎于由身份认同产生的心理问题。现在他不再是洛杉矶知名的制作人了。

有一段时间他热衷于长跑和骑行，同时曾短暂地指导过一些经营小企业的朋友，但他仍然没有找到生活真正的目标。布拉迪希望生活中能出现“火花”，但他并不想重新创办公司，因为他不想回到那种高压和必须全身心投入的状态中。现在，他仍在寻找有意义的生活方式。

梅甘是一名企业高管的妻子，也处于寻找意义和目标的阶段。不到 5 年的时间，他们夫妇的资产净值从几百万美元激增到超过 2 000 万美元。他们有房有车，孩子们带着充足的钱去上大学了。他们可以度假、郊游、外出用餐，这些都足够美好。但她的丈夫仍然每天忙于工作，因为他热爱自己的工作。

此外，既然孩子们都外出上学了，她下一步该做什么？她 15 年前就辞去工作，专心照顾家庭、抚养孩子。现在她拥有了一直以来想要的可以自由支配的时间和健康的身体。那么问题是，她应该把精力投向哪里呢？

梅甘告诉我，她的好朋友也在经历相同的人生转折，并且在一切都唾手可得的情况下，她们同样困惑下一步该做什么。这使她意识到，一旦一个人实现了最疯狂的财务梦想，甚至超越了梦想，就需要一个全新的目标。你已经不需要考虑存钱了，因为这不再是你的目标，即便如此，你的存款仍在继续增加。剩下的就是做出艰难的决定：在哪方面投入精力，并找到人生的意义？

处于这一阶段的财富创造者常常感到孤独，因为他们无法与他人分享自己所面临的复杂财务问题和个人问题，很少有人能真正与他们共情。即便是他们非常信任的理财顾问，也没有足够的技能和经验帮助他们淡化这些私人情绪。

你或许需要一位财富指导或其他顾问，帮助你探索各种选项，并开始创造一种可以更深层次投入的生活。寻求这类帮助并不是软弱的表现。实际上，许多成就卓著的人也在寻求指导，以便让自己在生活的各个方面都具有优势。本书第七章、

第八章、第九章的内容也将帮助你认清自己的核心价值，发掘你生命中的最高使命，创造很多处在第三阶段的财富创造者正在追求的生活。

财富生命周期对你意味着什么？

每当开展事业时，我们常常觉得只要努力工作、合理储蓄和投资，就能积累财富并享受生活。这种对于创造财富的看法过于简单。就现实情况而言，无论从实际操作还是心理影响层面考虑，创造财富所面临的复杂性都极高。但幸运的是，人们往往可以预测金钱对生活产生的影响。了解你处于财富生命周期的哪个阶段有以下好处：

- 可以将有关财富的问题分解成一个个相关且可消化的因素。
- 可以帮助你了解自己所处位置需要的资源级别。
- 可以洞察财富带来的情感和现实的影响。
- 可以帮助你在创造财富时明确前进的方向，使你更加明朗和自信。

经历财富生命周期的各个阶段的速度因人而异，因环境而异。随着你对金钱的了解程度和适应程度的加深，各个阶段重叠并不罕见。例如，也许你在第一阶段创造财富的同时，已经开始努力解决在第二阶段管理财富时遇到的许多问题。同样，也许你在管理财富（第二阶段）方面已经十分敏锐，便同时开始思考财富的目的以及你希望财富会产生怎样深远的影响（第三阶段）。

随着财富的增长，了解和管理财富带来的影响是不可抗拒的。财富生命周期会为你提供“支撑”，让你的财富和人生都以健康和卓有成效的方式向前发展。下一章中我们将回顾财富创造的复杂性，并学习如何满怀信心地穿越这片新的领域。

在探索财富生命周期之旅时，请思考以下问题：

- 你希望金钱能让你施展什么、经历什么以及贡献什么？
- 在做重要的经济决策时，你信任什么人，并能与之倾诉？
- 金钱与生活，你更需要哪方面的盟友？

第三章

财富管理的复杂性

对多数人来说，成年以后的生活都是相似的——本科或者研究生毕业以后，选择一份职业，从初级的工作开始做起，然后逐步晋升。大学刚毕业时，我们的生活通常较为简单。你可能正在恋爱，或者刚刚步入婚姻；正努力还清学生时期的贷款，然后为了买一套属于自己的房子而存钱；大量的时间和精力都放在辛勤工作、结交朋友、享受生活上。

接着，由于工作认真努力，还有一点好运加持，你的事业小有成就，收入也有所提高，然而生活却不再简单。工作上的成就有时也意味着你要面对更大的责任和压力，以及更长的工作时间。你会逐渐适应更稳固的关系，例如婚姻和子女，以及随之而来的所有责任；你逐渐拥有昂贵的财产，比如房子、车子、投资性房产，或是一些耗时又“烧钱”的兴趣爱好。财富积累得越多，风险就越大。更多的金钱代表着更多的机会、更多的选择和更多的烦恼。简言之，生活变得更复杂了。

当然，任何人都乐于享受财富带来的安稳、舒适和无数机会。但是，财富增长的同时，生活的复杂程度也在增加。正如第二章所述，许多财富创造者在进入财富生命周期的第二阶段时会感到困惑，甚至不知所措。随着资产增多，复杂性成了财富创造者的头号敌人。他们在被无数前所未有的选择轰炸的同时，还必须做出决策。

本章将探讨财富增长给人们带来的诸多现实和情感上的影响。在这个阶段，财富创造者面临许多特有的问题，比如选择合适和专业的团队，亲自制定与理财顾问不同的财务管理方案，风险容忍度问题，设定合理的财务预期，公司股票多元化问题，各类投资方案以及社会责任类投资等。在能使金钱变得有意义之前，财富创造者必须对自己的日常财富管理充满信心。

我曾与财富创造者进行过数百次对话，他们正努力寻找方法应对这个复杂的全新世界。我认真聆听了他们的问题和顾虑，帮助他们放下负担，并帮助他们认识到无论他们是一夜暴富还是慢慢发家致富，都会面临新的财务管理挑战。财富创造者需要确认，他们有担忧和顾虑都是正常现象，而且可以找到解决方案。正因为这场财富游戏刚步入高速发展时期，他们才想为接下来所要面对的挑战做好准备。

下面几节总结了我与财富创造者讨论的主要内容，每一节都有主题。根据你在财富生命周期中所处的位置，你可能会发现有些主题对你目前的状况至关重要，而另一些目前则不太适用。在创造财富的各个阶段，财富创造者即便不会面对全部问题，也会面对本章提及的大多数挑战。如果某些主题目前对你不适用，你可以在本章中自由选择其他主题，只需专注于你目前在管理资产时遇到的特定问题即可。

我的生活变复杂了

成功的财富创造者开始意识到，比起在 401(k) 计划[①]里拥有 5 万美元或 10 万美元，他们更需要一本财富管理手册，也更需要增加和升级财富顾问团队。日益增长的资产总数，例如各类股票和股票期权补偿计划、税务、各类投资和投资组合管理决策，都导致财富管理复杂程度攀升、投入时间增加。或许过去你只需每月查看一次财务报表，并进行适当的资产分配调整即可，现在则需要亲自指导，并承担更多的责任。生活和工作变得越来越忙，你会突然发现已经有半年甚至更久没有查看财务报告了。一位客户曾对我说："我不想把时间花在这种事上。"而另一位客户说："下班回家后是我最想看投资报告的

① 401（k）计划，指的是美国 1978 年《国内税收法》新增的第 401 条 k 项条款的规定，是一种由雇员、雇主共同缴费建立起来的完全基金式的养老保险制度。——译者注

时候，但我却没有时间。”

可能一直以来你都亲自管理财务，但是由于钱变得越来越重要，一旦出了问题，你不得不从头再来，这种讨厌的想法逐渐打击你的自信心，还会降低你生活的舒适度。你处于一个不清楚自己还有什么不了解的阶段。一位获得风险投资的初创公司创始人告诉我，他可以用谷歌搜索任何财务问题，查阅前三四个答案。但他总在怀疑，是否第五个或第六个才是正确答案。更糟糕的是，他不知道是否问对了问题。

互联网上充斥着大量有关金融的信息，然而这些信息的整合来源却是未知的，也无法确定是否适用于你的个人情况。因此，由此产生焦虑是可以理解的。正如一位财富创造者所言：“数据和选择越多，越会带来更多的不确定性，在这种情况下，不知道如何做出正确的选择就会产生焦虑感。”而另一位财富创造者则表示：“这些内容太过复杂，我甚至都不会管理自己的税务了。”

随着财富的增加，导致这种复杂性的具体情况包括：

- 更广泛的投资产品、策略、定价、费用结构以及托管安排。
- 专业顾问的选择、沟通与协调（如注册会计师、律师、保险代理、投资组合、财务管理人）。
- 税负最小化（如投资亏损抵税、慈善捐赠计划、股票期权行使时间、退休计划解决方案）。

- 风险承担与协调（如债务、人寿和残疾、资产保护）。
- 非流动性投资选择（如私募股权、对冲基金、私人房产）。
- 财富转移策略，包括信托基金、家庭有限责任公司、赠予（注意：与财富转移有关的内容会在第六章详细讨论）。
- 公益策略与实施（如基金会、慈善信托、捐赠人指导性基金）。

这些财务管理的主题可能过于密集，让人难以招架，并让许多财富创造者感到沮丧，因为他们认为自己“本应该”能够在不受他人帮助的情况下解决这些问题。他们非常聪明，拥有过人的天赋、技能和经验，却意识到自己正处于需要指导和帮助的尴尬境地。尽管这对于许多财富创造者来说都难以接受，但最终他们往往还是选择接受专业援助，从而让自己得到想要的结果，并把自己珍贵的时间和精力分配到生活中其他更有价值的领域。因此，问题的关键不在于智力，而是有效管理财富所需的时间、意愿和知识。

单枪匹马是不可取的

专业人士会为你的财富管理需求提供支持，这将对能否最大化地实现财富管理结果产生直接影响。财富创造者通常会犯一个常见的错误，那就是继续任用自己在起步阶段或只拥有少量资金时期所雇用的注册会计师、证券经纪人、律师以及保险经纪人。但实际上，你目前甚至没有更合适的人选，只能从头开始填补这些职位的空缺。

随着财富的积累，财富创造者需要更有经验的团队。尽管这会提高成本，但现在不是精打细算的时候。在起步阶段，之前的理财顾问的能力不足以应对局面是正常现象。我经常听到这样的言论："我的注册会计师从我上大学时就和我一起合作了。"然而，他们可能只是一个单纯的从业人员，没有股票期权规划、赠予策略或其他更复杂的税务和遗产事务方面的专业知识。

我完全同意给你的证券经纪人朋友，或者你父亲退休时留给你的注册会计师一个机会。但他们也许会成为你取得最佳财务管理效果的阻碍。因为他们不是专家，无法管理更庞大、更复杂的资产。一旦出了差错，你可能很难东山再起，甚至你的收入潜力会倒退数年。由于不了解某个财务问题而错过创造财富的机会，是另一种形式的错误。

专业团队中的每一位成员（如注册会计师、保险经纪人、律师、理财顾问），都需要为你带来超出他们费用的额外价值，例如提出具有前瞻性的建议。我经常看到富人们倾向于寻求一种由他们自己带头提出恰当的问题和建议的咨询体验，而不是让金融专业人士主动为他们带来机会和优势。举个例子，如果你的注册会计师在 2 月完成了你的纳税申报表，但在他负责的纳税财年里，他未曾与你沟通，那么你很可能错过了调整和规划的机会，而这些机会本可以节省更多税金。其实你无法承担团队中一个经验不足的顾问带来的损失。

或许你试图自己承担一些角色。然而，善于创造财富并不意味着你拥有专业知识，更不用说你是否有充足的时间，是否能理解管理财富涉及的广泛事务。我经常见到有些财富创造者在聘请其他专业人士很久之后，仍坚持自己缴税的情况。也许因为他们认为这是自己财务生活中所能把控的最后一件事。尽管 TurboTax（特波税务软件）和其他会计软件能让人更便捷地处理简单的纳税申报表，但这种便捷只停留在表面操作上。实际情况是，你努力成为税务专家的过程是徒劳的，却将错过优化税务、节省税金的机会。因此，这并不值得你浪费时间。你真正的角色是财富创造者。除非你希望自己的下一份职业是会计，否则请寻找并聘请合格的专业人士为你提供帮助。

请确保你的理财顾问曾服务过与你情况相似的客户。你可以询问他们先前合作的客户的情况，如资产规模和财务复杂程度、面临的问题以及对应的专业建议。你一定不想成为这个人或这家公司所服务的唯一的大客户，同样，你也不想成为大客户群里的小客户，因为你很可能会被忽略。

金融服务行业并未精确定义财富分类。实际上，除了不动产之外，通过计算可投资流动资产，你就能粗略确定自己所处的财富等级。如果流动资产总额为 100 万 ~200 万美元，属于富人；高于 200 万美元但低于 2 500 万美元，属于高净值人士；高于 2 500 万美元，则属于超高净值人士。有些公司的最低资产额达到 1 000 万美元，甚至更多。但一些最低流水或净资产额只有 100 万美元的小公司，甚至也开始聘请财富管理人。受这些动态因素影响，你很难找到最适合自己的等级，也不知道该由谁来为你提供所需的支持和经验。

我能相信谁?

随着财富的积累，你需要处理的信息越来越多。人们的自然反应是，聘请一个值得信赖的专业人士协助日常资金管理。通常情况下，我们会首先咨询身边的朋友，询问他们所聘用的专业人士；或者身边的注册会计师和律师朋友会推荐人选以供参考。很快，各种各样的建议、方法、理念、服务和产品摆在你面前。但你的目标应该是找到一个支持你、始终把你的利益放在首位的理财顾问。不过当你面对如此多的解决方案，犹如置身大海时，将更难找到合适的人选。

如今，区分诸多提供财务咨询的岗位很难，因为现在能提供理财建议的人被冠以许多不同的称谓，比如证券经纪人、财富管理人、金融顾问、理财规划师以及理财顾问。乍一看，他们似乎都在做大致相同的工作，使用相同的词汇介绍他们提供的服务。在选择和面试的过程中，由于不同的顾问在管理方法上存在显著的差异，因此在开始进行财富管理之前，了解潜在关系中存在的冲突非常重要。

一般来说，当理财顾问的最大利益和你的最大利益相抵触时，就会产生利益冲突。如果不直接坦诚地询问理财顾问，这些冲突往往很难被立即发现。最常见的利益冲突出现在服务的定价方式中，比如理财顾问可以获取购买股票、共同基金和年金、人寿保险等投资产品和服务时产生的佣金。如果他们通过推荐供应商为你的业务提供服务，也有机会从外部供应商那里赚取佣金，这也会产生利益冲突。作为委托人，理财顾问可能还会涉及其他业务范围，例如税务筹划、银行业务和保险服务。尽管捆绑式财务方案便捷有效，但你需要注意此类标榜“便捷”和“一站式解决问题”的服务都会与你产生利益冲突。

寻找完全无冲突的理财顾问的想法非常美好，但认清现实更为重要，因为利益冲突无法完全根除。解决问题的首要目标是，寻找值得信赖的伙伴。你可以将目光聚焦在寻找注册投资顾问上，他们受到信托委托书（最高形式的专业监管，由美国证券交易委员会执行）的法律约束，将客户利益置于自身利益之上。如果你正向经纪公司或是银行系统的机构寻求理财建议，你会发现这些平台往往以销售为导向，它们的收益与所售产品挂钩，因此将与你的个人利益产生更多冲突。经纪公司和银行系统的专业人员奉行“适用性”标准，也就是说，他们只需为你提供适用于你个人情况而非能给你带来最大利益的理财建议。但“适用性”标准却只由自我监管的行业组织制定。

以上情况并不意味着我们缺少优秀的证券经纪人。事实上，我有很多好友任职于经纪公司，而且我私下非常信任他们。但总的来说，他们的盈利模式会对信任关系产生影响。当然，即便是注册投资顾问也并非能够做到完全消除利益冲突，但相较于银行和经纪公司的盈利架构，注册投资顾问的模式要好得多。

我能否自我规划?

一些财富创造者认为自动化投资平台的兴起对他们来说具有重大意义。机器投资指的是，计算机通过算法计算风险容忍度和其他因素，由此决定投资组合的资产配置、选择投资目标，甚至定期重新平衡投资组合，以便将投资活动的风险容忍度控制在一定范围内。这些自动化平台通常会提供各种低成本的投资工具，如指数基金和 ETF（交易所交易基金）。这些工具对初级投资者而言，既方便又便宜。

我强烈建议大家不要误以为自己有能力通过一些小工具就可以做好财务管理，尤其在资产总额超过几十万美元的时候。诚然，这些工具提供的服务变得越来越高级，但其收费标准也水涨船高。随着资产的不断增长，计算机将无法满足需求。假如你有三个或以上投资账户，每个账户都需要不同的投资策略，在进行投资时就有可能产生相互冲突的税收结果。因此，你只能通过专业人员处理有关财务定制、沟通协调、税务筹划以及个性化差异等的事务。拨打咨询电话不能直接获取你所需的个性化服务，而且花钱买教训的后果会很严重。

也就是说，我认为当自动化投资平台和人类的监督与智慧结合在一起时有一定的可取之处，但我更倾向于称之为仿生解决方案。你只需要有针对性地找到最佳咨询方式，从而采取多种方法提高效率、节约成本并积累投资经验。

在应用新技术方面，金融服务行业的步伐缓慢，甚至不如医疗保健行业。金融服务公司时常给人一种技术过时或古板守旧的印象。长期以来，金融服务业被称作“内部人士俱乐部”或“老男孩网络”，而且旧系统树大根深、不易改善。但现在，这些旧系统正以几十年来前所未有的速度被取代，从而导致未来咨询公司与客户合作的方式发生了全方位的变化。如今，相较于父辈或祖父辈所处的年代，理财顾问所提供的服务越来越多样化，而且变化的速度每天都在加快。

专业建议的必要性

在我的职业生涯中，金融服务业几经演变。在我初入行时，金融服务业主要以资金管理为导向，重点几乎完全集中在投资选择和收益上。之后，咨询公司开始提供其他附加服务，如税务和房地产规划、保险审查以及属于财务规划范畴的退休方案制定。这些附加服务与资金管理相结合，已经发展成人们如今所熟知的财富管理行业。它能全方位满足客户需求，不再仅仅局限于投资管理业务。

再之后，行业催生了值得信赖的理财顾问这样的角色——一个经验丰富的向导，能够起到领导作用，协调各类专业人士（如注册会计师、律师、银行家、保险经纪人等），制定规范，精心管理你的财富生活。值得信赖的顾问就是财富创造者的守护人，为他们解答很多重要的问题，比如："我能否安全地退休？""我应该给子女留多少钱？""我们能再买一套房子吗？""我能捐多少钱？"

对于那些还处于自我管理财富阶段的财富创造者而言，比起可信赖的理财顾问，算法和机器人咨询平台可能更有用。然而，处于财富生命周期第二阶段和第三阶段的财富创造者，则迫切地需要一个他们可以信赖的人。理财顾问恰好就是他们要找的人。

随着许多投资服务和金融规划服务通过人工智能实现了商品化，人工辅助反而变得更有价值。预计未来 30 年将有超过 50 万亿美元的财富发生转移，你可以试想一下财富转移浪潮会给千禧一代带来怎样的情感影响。大部分财富转移的受益者并没有准备好面对生活的巨大变化。他们需要对资产进行专业化管理，但更重要的是，他们需要在金钱带来的情感影响上寻求建议。

如今的财富创造者不仅想了解如何保护和增加他们的财富，而且想了解如何使金钱与其最大贡献相匹配，以及如何拥有幸福、平衡且成功的人生。了解金钱和财富复杂性对生活的影响后，指导性的财务咨询方式可以提供传统定量的财富管理服务。财富创造者希望能与理财顾问讨论诸如由金钱带来的羞耻感和负罪感之类的问题，突然获得财富后因没有找到激情而产生的身份认同问题，担忧财富会给子女造成不良影响而产生恐惧以及如何找到财富的目的和意义等问题。

最近，我为一对来自丹佛的富有夫妇提供了财富咨询服务。他们正为处理金钱对婚姻和生活其他方面造成的情感影响而犯愁。他们有一位在某知名公司工作的传统理财顾问，一直以来帮助他们管理资产。然而，这位顾问为他们提供的理财建议却无法满足他们真正的需求。我帮助他们制订了接下来的一些计划，与他们讨论了一些围绕生活方式的高度敏感问题，并阐明了几个关键术语的含义，例如“管理权思维”。这对夫妇后来对我说：“这是我们无法从自己的理财顾问那里获得的信息，你的帮助对我们而言更有价值。”

美国理财规划协会的前主席理查德·瓦格纳创造了“理财学”这个术语，他将其定义为研究人与金钱之间关系的学科。我们在日常生活中被金钱包围，但大多数人却对自身与金钱的关系知之甚少。规划中心的首席执行官马蒂·库尔茨谈到理财顾问时说：“理财顾问作为一种职业，有更高的使命——成为可以与客户讨论金钱和生活的第三方。”[24] 正是由于处在金钱和生活的交叉点上，你才要为将来做打算，找到足以胜任的财富管理人。

寻找合适的理财顾问

当你决定聘请一位财富管理人时，你也许会感到震惊，因为你会发现聘请财富管理人的费用是你预算中最大的开支之一。由于缺乏经验，财富创造者在从自我规划理财到选择其他理财方式的过渡中，往往不知道去哪里寻求帮助。这时，先了解对于理财顾问的期许以及所要支付的费用，才能让你在接下来的行动中更加自信。

这些服务的价格是多少？这看上去是一个简单的问题。但价格在很大程度上取决于你需要的服务和建议的类型，而这又取决于你所处的财富等级，所以这个问题也很难一概而论。常用的行业惯例是，按照资产管理规模的百分比收取费用，这种方式也被称作“基于资产定价”方式。其费用通常按照每年可投资资产的1%计算，并需提前按季度支付。资产金额越高，收费百分比越低。换句话说，你的钱越多，管理费用的比例就越低。

按照资产管理规模的百分比收费的结构始于投资业务早期，当时提供的服务只针对投资组合管理，即股票和债券的买卖。随着金融服务行业服务范围的扩大并且越来越全面，按照资产管理规模定价的模式逐渐被广泛采用，也见证了自那以后的演变发展。

大多数财富管理人采取一刀切的方式，提供捆绑式投资和理财规划服务，费用直接从你的账户中按季度扣除。而你可能需要一点时间来适应让别人随意支配你的资产。从好的方面来看，理财顾问必然很乐于帮你增加资产，因为这样他们收取的费用就会更高。而你本人也希望自己的资产增长，因此双方达成了初步的一致。由于资产增长，资产管理费用的增加也理所应当。但弊端是，这也促使财富管理人反对你从账户中提取任何资产，这在某些情况下会造成真正的利益冲突。

罗里是亚特兰大一家初创公司的软件工程师，他准备为家人购买一套更大的新房子，需要从投资账户中取出 25 万美元作为首付款。

无论罗里的财富管理人对此提出何种建议，都会自然而然地影响到他的管理费用。如果罗里坚持要取钱，财富管理人的报酬就会减少。遗憾的是，我遇见过很多类似的情况：理财顾问为了他们自己的利益，强烈地阻止客户提取资金。

这种严格的定价模式的另一个弊端是，服务的低使用率者补偿高使用率者。由于财富管理费用与资产多少而非服务项目有关，因此无论理财顾问为客户提供何种服务，两位资产规模相同的客户都将支付相同的费用。而那些服务需求较少的客户，可以抵销掉那些需要更多时间和服务的客户的成本。

如果你只看投资报告中的数字，是很难衡量顾问服务是否“成功”的。当其收费完全基于投资组合时，自然会引起注意。但这并不是衡量顾问关系的唯一标准，因为你无法得知其他重要的服务所创造的价值，比如财务规划或重要的财务决策咨询。因此，总的来说，以资产管理规模的收费结构来全面评估咨询顾问的功劳太过于主观。

其他诸如固定收费模式的定价方式也正逐渐普及，这种定价方式本质上是一种按复杂程度划分相应成本范围的“点菜式”服务。这种方式的逻辑在于，无论财富创造者的资产水平如何，很多咨询服务都会消耗相同的时间成本，起码在一定资产水平范围内的成本是一致的。例如，完成大学教育或退休计划分析的时间和成本，与完成可投资资产为 50 万 ~200 万美元的客户的财务计划相比几乎没什么差别。有些公司会将固定费用定价模式与资产管理规模定价模式相结合，形成一种混合收费方式。

人工收费与需求脱节，并且远高于现有自我管理工具，势必会让财富创造者越来越沮丧。财富创造者希望提高收费的透明度，并希望了解费用上涨的原因。当资产总额较低时，资产管理规模定价模式和固定费用定价模式的成本计算方式都相对简单，但随着财富的增加，其灵活性必然大打折扣。因为资产增长的同时，用户对更个性化的体验和咨询费用的需求都将依赖特定的情况和需求而定。

高地私人财富管理公司已经由传统资产管理规模收费方式转变为“以客户为导向”的收费模式，从而更好地满足客户的需求，规避传统收费模式所产生的冲突。大约 3 年前，我们进一步采用了一套完全可定制的系统，一切从理解客户的价值取向和需求出发。我们制定了一系列服务类型，为每位客户量身定制“成功”的方案，并针对其特定需求而提供服务。即使是拥有相似投资组合资产水平的客户，我们也不会采用完全相同的服务和费用结构。每位客户都拥有为满足其特定需求而量身定制的服务。此外，我们会定期审查这些服务项目，以确保能够真正实现客户所期望的价值（例如内心的平静、自信心和配偶未来的保障）。

讨论以上内容的主要目的是，让你了解现有的各种收费方式，你可以通过对比，找到适合自身财务状况的最佳方式。但是我坚信，目前的收费方式都亟待革新，很多咨询公司都已经开始研发新的服务模式，以满足客户在费用和服务方面的个性化需求。

如果你已经评估好自身需求和各类收费结构与咨询服务范围，然后组建了一支可靠的财务咨询团队，那么现在我们该复习一下与投资相关的一些重要问题了。

财富创造和资产管理

财富创造和资产管理的目标完全不同，务必要理解这一点，才能着手为财务业绩设定合适的预期。投资理论和实践都已经证明，风险越高收益越大，反之亦然（风险越低收益越小）。众所周知，从长期来看，股票市场的回报高于债券，但股票比债券的波动性更大。

理解风险和回报之间的联系，有助于理解创造财富和管理资产之间的区别。风险容忍度包括两个部分：情感上对风险的承受力，以及基于资产规模承受风险的现实必要性。

财富创造的方式包括启动、建立、发展或投资公立或私营企业，也包括集中持有或大量配置（相对于整个投资组合而言）某一家公司的股票、期权或限制性股票单位，如微软、亚马逊、苹果、耐克、开市客或其他公司。

如果从风险的角度审视这些生财之道，就会发现创造财富往往都会伴随损失财富的风险。尤其当你的大部分资产与某家公司的股票捆绑，甚至你还在这家公司工作时，这些资产就缺乏流动性（后文详述）。我们可以回顾一下 2000 年的技术泡沫以及 2008 年的股市崩盘，财富创造者损失惨重的例子不胜枚举。公司股票从高价暴跌，徒留投资者和员工在震惊中破产失业。要想创造财富，首先要有相当高的风险承受能力。

财富管理的原则与之形成对比，财富管理首先注重资本的留存，资本增长则是次要目标。为了实现这些目标，必须降低风险。常用的方法是，通过分散投资和配置策略来限制资产波动，从而降低回报预期。

当财富创造者开始看到自己努力的结果，并且资产开始累积时，他们对风险的容忍度就会下降。“增长第一”的心态开始转变为保守的投资方式。新晋富豪的顾问的口头禅都是“别赔就行”。这种焦虑很容易理解，人们都厌恶损失，而对损失的恐惧会在你管理投资组合时麻痹你的思维。一位财富创造者曾对我说：“财富越多我越害怕，因为下跌的空间更大。”另一位客户则表示：“你已经为生活做好了规划，但一想到这种生活节奏可能被打乱，就感到害怕。”

杰夫最近刚因为一笔期权交易大赚了一笔。他表示：“本来我非常想挑战风险，但在看到那些钱之后，我突然就变得保守了。”他还说，如果他挣的钱比现在更多，会愿意拿出其中一部分资产来冒险。但随着资产的增长，财富增加所带来的情感价值也随之减少，对风险的容忍度也随之下降。

在某些情况下，在持有较高风险的投资组合的同时保持工作能起到很大作用。汤姆在亚马逊任职初期就采取了这种方式。他的薪酬中有很大一部分是以股票的形式发放的，股票的持续增长能抵销他所持有的风险性流动投资组合的损失，这让他感到安心。但随着净资产目标的实现，他开始有意识地降低自己投资组合中的风险。因此，一旦实现了目标财富平衡，人们往往倾向于先消除风险。

在一些情况下，与每年可能增长 15%~20% 的高成长股票相比，多元化的股票投资组合的收益相对甚微，这确实很难解释得通。萨拉是微软的员工，拥有价值 500 万美元的股票期权和限制性股票单位。过去 3 年，与微软超常的股价表现相比，她所持有的多元化的股票投资组合的收益却不尽如人意，她对此感到失望。

这是一个把在微软的财富创造投资与分散投资相结合以降低损失概率的典型案例。过去几年里，虽然微软并没有出现严重受挫或面临倒闭的风险，但在很长一段时间里，其股票表现都远低于市场平均水平。这种现象在创造财富中很常见。

机会出现时，要事先明确机会是属于财富创造还是资产管理，这在很大程度上会影响你的预期。需要注意的是，资金是可以在财富创造和资产管理之间双向流动的。例如，当你卖出部分集中股权时，获得的收益通常会被放入低风险的投资组合中统一管理。大多数财富创造者都会将不断增长的、分散性的资产视为未来财富安全的重要组成部分。

此外，在财富积累的过程中，资金还会流向其他创造财富的活动，比如购入和持有所在公司股票和期权，购买其他企业股权，以及投资房地产等。举个例子，史蒂夫是得克萨斯州奥斯汀的一位企业高管，他想在某个商业房地产项目上投资 100 万美元。那么相对于其他多元化的资金管理方式，他就更期望能获得集中和非流动性的风险所带来的超额回报。

对高风险活动的情感容忍度与特定情况下所需要承受风险的程度之间是有明显区别的。通常人们需要足够数额的金钱来保证个人的财务需求，但如果这变成了你管理所有资源的策略，就人为限制了你的财富增长潜力。你可以考虑为不同的目标分别建立独立的资产池。例如，保持生活方式的资产用来限制波动并保障财富安全和收益，成长型资产用于实现长期捐赠和家庭目标，以及抓住某些可以用社会、环境甚至精神收益来代替资产收益的投资机会。

公司股票

如前所述，集中持有公司股票是创造财富的主要途径之一，但这也伴随着巨大的风险。因此，很容易理解为什么出售或者分散股票、期权和限制性股票单位的想法会时常在你的脑海中出现。你可能有很大一部分净资产被捆绑在某家公司，而你的薪水也由这家公司支付，这就提高了风险水平。

根据我的经验，财富创造者在出售公司股票时会遇到问题，主要有三个原因。

第一，内部政治和文化。如果你是被视作“内部人士”的重要主管或员工，那么你的股票交易信息是公开的。你的行为可能会对外部投资者和员工产生负面影响，而你出售公司股票的决定所传达出的信息也可能被误解，除非你能给出合理的理由。

公司文化也会对你出售公司股票的决策产生重大影响。在与同事的竞争中，可能会有内部压力促使你上调持股比例。因为你的老板和其他人可能会认为你不善于团队合作，也可能会认为你没有像其他人那样全身心地投入公司的使命中。你决定用自己的股份做什么，会传达出你对公司未来前景的看法。

第二，内部交易。除了公司内部政治，你也许有能力得知某些限制你出售公司股票的非公开信息。利用这类信息进行内部交易是违法的，而且会带来严重的后果（还记得玛莎·斯图尔特[①]吗），所以千万别想这么做。大多数上市公司的法律顾问和人力资源部门都有适当性程序，如果你被认为是内部人士，那么你在出售任何股票之前都需要获得授权，同时还要使用交易窗口来保证某些交易安全进行。这些窗口通常遵循财报发布日期，但这并不总是出售的最佳时机。

许多资深的内部人士利用“交易计划”来有效地应对这些独特的挑战。这份书面计划事先记录了即将发售的股份、价格和时间。企业通常会公开这些计划，以防出现公关问题，从而避免意料之外的外部影响。

第三，情感。你可以非常近距离地了解公司的运作，知道什么是对的、什么是错的，你感觉自己像个专家，可能在某种程度上你确实是。但是投资者们跟你看待问题的角度不同，他们对于公司前景的看法通常与公司运作者很不一样。

你也可能会有盲点，导致你无法从客观和长远的角度看待公司运作，你会为问题找借口，也会过分夸大未来的机会。一旦自我意识介入，便会影响你的判断，引发拖延症或者行为反常。我见过很多高管由于对公司过分自信或者过分消极，导致公司股票投资失败。不要让办公室糟糕的情绪影响你做出不理

① 玛莎·斯图尔特是美国女企业家，因得到内线情报抛售股票等行为获罪。—— 译者注

智的股票抛售决定。

多年前，一家新上市公司的创始人向我咨询有关他的股票分散投资的问题。但他拒绝了分散投资这个提议，因为他在公司的大量持股获得了实质性的收益，他预计未来几年还会持续增长。事实上，他曾告诉我，一旦他的净资产翻倍，他就会聘请一位财富管理人。理论上说，如果他当时就分散投资，他可能已经实现财富自由了。但当时，贪婪的想法占据了上风。结果公司未能达到他期望的目标，股价暴跌。这件事提醒我们，要重视控制情感、控制期望，以及它们对最终结果带来的影响。

另类投资

你的可投资资产日益增长，在那些寻求投资的人的眼里，你看上去就像一个移动的支票簿，能为他们的房地产或私人企业投资。初期的资金募集通常来源于创始人的朋友和家人，而且随着时间的推移，资金可能会持续增长。

对于财富创造者来说，很难知道是否要投资，或者投资多少，以及什么时候停止投资。下面的论述并不是从投资组合管理的角度来评判非流动性投资的优劣，而是对参与这类投资的实际后果和注意事项的概述。

在投资组合基础上增加另类投资，并不只是你觉得资金充裕就行得通的。这是一个具有挑战性的投资领域，因为很难遇到最好的机会（有惊喜，才有最高回报率）。与其他期权相比，要评估一笔交易的质量并不容易，最低投资金额通常是5万美元、10万美元、25万美元甚至更高，而且还需要花费时间来监督其进展。以上因素再加上流动性不足、收费增加、行政和税务筹备成本上升以及本金损失的可能性，使这类投资更像是一场赌博。

我发现，这个领域的财富创造者往往是通过他们自己的人脉关系网取得成功的，比如大学时代的朋友或以前的同事。虽然这些人际关系很美好，而且可以有效利用，但也要小心行事。要认出下一个找到你为自己的小咖啡店投资的霍华德·舒尔茨[①]可不是那么容易的。但面对每一个机会都说“不”并不合适，大家都不想体会拒绝投资下一个杰夫·贝佐斯[②]的微妙感觉。事实上，另类投资领域充斥着数量惊人的“确定性”机会，但最后往往破灭，或者充其量只能给投资者带来平平无奇的结果。人们往往沉浸在成功案例中，而忽略了指数式增长的失败案例。

因此，做好广泛的尽职调查，评估你所面临的每一个投资

---

① 霍华德·舒尔茨曾任星巴克董事会主席兼首席执行官。—— 译者注

② 杰夫·贝佐斯是亚马逊创始人。—— 译者注

机会的质量是至关重要的。过去25年里，从我代表财富创造者评估非流动性投资的经验来看，很难找到一个能获利退出的成功方案。在这个领域最成功的财富创造者似乎有一种超能力，能敏锐地分辨出谁能赚钱。这并不是说他们的每一项投资都能成功，但他们的选择是有针对性的和有意义的。

如果你非常了解所投公司至少某一个方面的业务，或者与管理团队或创始人的私人关系让你相信他们有必备的远见、天赋、勇气，以及有过往功成身退的经验，这些都会增加你的投资信心。你的人际关系相当于一个分辨器，帮助你挖掘有价值的投资，甚至获得有效的结果。

对于获得非流动性投资的成功而言，设定适当的预期、不在财务上或情感上过度承诺投资结果也至关重要。你可以设定一个能够承担的损失金额，因为极有可能最终的投资结果就是亏损。从理智上讲，这一步似乎很容易，但以我的经验来说，当公司真的倒闭，你辛苦挣来的钱嗖的一声消失时，你将无法从容地看待自己的决定。

请记住，投资初创公司意味着如果该公司想要继续发展并达到业务目标，就需要追加投资。遗憾的是，我见过很多在一连串的投资活动中花光所有钱的投资者，他们没有分散投资，这导致他们无法参与未来赢家的几轮融资。因此，请记住，在投资的交易数量上要审慎，为你支持的赢家保留一些“干火药”（可用于投资的现金总额）。

另类投资有一个不可预见的后果，即你不知道要花费多少时间与公司保持联系、阅读和评估公司的最新进展，也许还要参加如关键推介的咨询委员会工作，甚至是参加投资人会议。这些投资机会让你体验、谈论、享受成为创造巨大能量和希望的参与者，是非常有趣的经历。这也就是为什么刚开始人们只投资一两个项目，但很快会追投至 5~10 个项目。

在创造财富的早期过程中，你会开始变得无所顾忌，这让你觉得自己拥有了作为一个投资者的能力。我知道一些财富创造者的经历，他们大量投资初创公司或房地产，然后才慢慢意识到此类投资很难获益。他们缺少在这个领域发展的必备技能，最终陷入困境，甚至面对沉重的时间投入而不知所措，却也没有实际的办法逆转他们的决定或撤出投资。

我的建议是，相比于流动资产，可以将另类投资限制在非常有限的范围内，直到你有足够的实力参与其中（投资组合规模为 1 000 万 ~2 000 万美元）。有关另类投资的入门读物，请参阅附录。

社会责任投资

随着财富的增长，越来越多的投资选择能够将你的财富与价值观联系起来，这种叫作“社会责任投资”，是指有社会良知的投资。社会责任投资的理念是，寻找能够支持社会广泛关注问题的机会，比如减少对环境的负面影响、改善劳动关系，或帮助服务水平低下的社区。社会责任投资的核心是，强调企业有责任在全球社会中扮演“优秀公民”的角色。

对于许多财富创造者，尤其是千禧一代而言，投资不再只是为了赚钱。财富积累的过程中已经包含了对金钱所能产生的影响的思考。社会责任投资已经存在了几十年，且发展势头正好。它不再是一个利基投资理念，而是能够吸引足够资本的产物，并开始在全球挑战领域发挥有意义的影响。

根据可持续与责任投资论坛（The Forum for Sustainable and Responsible Investment）2016 年发布的报告，可持续发展行业的投资已超过 22.8 万亿美元，这意味着在专业管理下每 4 美元中就有 1 美元投资到可持续发展行业。[25] 投资者和资产所有者对环境、社会和治理（ESG）因素的看法发生了根本性转变，从而推动了近期的迅猛增长。摩根士丹利可持续投资研究所（Morgan Stanley Institute for Sustainable Investing）的研究表明，84% 接受调查的资产所有者已在“积极”考虑将 ESG 条件纳入自己的投资过程，其中近一半受访者已将其纳入投资决策中。[26]

千禧一代是社会责任投资的主力。FactSet（金融数据和分析公司）2017 年的一项调查显示，90% 的千禧一代希望在未来 5 年内分配部分资产用于社会责任投资。超过 60% 的千禧一代希望他们的财富管理人根据环境、社会和治理等因素筛选投资。这一比例在35~54岁的投资者中为53%，在55岁及以上的投资者中仅为29%。[27]

社会责任投资已经成为市场趋势，比潜在的投资机会和影响更为重要，它是财富创造者将其社会观点和价值观与其投资资产相匹配的一种方式。从本质上说，这是一个奖励那些实现你所定义的社会发展方向的公司的机会。

正如每个人会以不同的方式表达各自关注的社会议题一样，社会责任投资也涵盖了许多不同的主题和投资策略。参与社会责任投资的策略通常包括以下三种：

- 筛选——根据特定的社会标准寻找或排除相关企业。
- 行动主义——投票选出代理人，然后由代理人就特定社会问题游说企业。
- 直接投资——为社区项目和企业提供资金，也称为“影响力投资”。

“做好事，事做好”的影响力投资策略是千禧一代投资者的优先理念，也越来越受年长投资者的欢迎。虽然在实现社会影响的同时也可能获得市场回报，但投资者可能需要决定，相对于社会组织产生的社会价值来说他们能够接受的财务损失是多少。尽管与传统投资相比，社会责任投资获得高回报的可能性较小，但对许多财富创造者而言，价值并不仅仅以利润来度量；投资不仅需要用计算器计算，还需要用良知衡量，这都取决于你的个人目标。

管理慈善事业

慈善圈里有句俗话："慷慨的人总是快乐的。"大量研究也证实，捐赠行为与幸福感以及对生活的满足感直接相关。但慈善捐赠也存在一些实际的财务问题。

首先，你需要了解你有多少盈余资金可以用来捐赠。如第一章所讨论的那样，这是计算财务"满足点"的好处之一。如果你掌握了自己的总体支出、储蓄和投资情况，就能更好地了解自己的总体捐赠能力。

接下来需要考虑的问题是，你打算只从盈余部分按固定的百分比来捐赠，还是考虑在有生之年或固定的年限内捐赠所有本金？可能你会选择等到晚年才投身于慈善事业，目前只专注于积累财富。比尔·盖茨曾和其他亿万富翁提出"捐赠誓言"（The Giving Pledge）的说法，指的是他们承诺将自己的大部分财富捐给慈善事业，只把极少一部分必要资金留给家庭。由此产生一个值得思考的有趣概念：我的财富会对世界产生什么影响?

很多人认为他们需要先积累大量的资产，然后才能在有生之年开展捐赠事业。但这样的话，你会错失许多感受付出的快乐和满足的机会。研究表明，每当我们慷慨解囊时，人体都会分泌少量多巴胺。总之，以我的经验来看，如果财富创造者有时对自己的财富过于谨慎，就会错过在人生早期利用财富取得有意义成果的机会。如果把美国总人口的 3% 当作捐赠人数的比例标准[28]，我相信我们仍有很大的上升空间，有能力在维持自身财务安全感的前提下捐赠更多。

最近，我和一对夫妇进行了交流，他们的财务管理十分成功。他们的财富足以满足一生的消费需求，并且还有大量的盈余和应急费用。他们的资产约有 1 000 万美元，并打算将资产留给两个孩子。

此外，他们的股权投资每季度可以产生超过 100 万美元的额外盈余。到目前为止，他们认为自己在慈善事业上非常慷慨。但与此同时，他们也意识到自己的财富增速要比捐赠和消费的速度快得多。因此，制定一个新的捐赠方案十分必要。例如，捐赠更大的金额以跟上他们迅速增长的财富。当然，思考如何把钱捐出去也需要投入大量时间。

如果你打算每年捐出收入（或者资产）的 3%、10% 甚至更多，并且你的资产基数相对稳定，那么给出 5 000 美元或 25 000 美元将不会消耗你过多的时间和精力。你甚至可以轻易地在当地的慈善拍卖会上花掉10 000美元购买一件商品，比如一次异国他乡的奇幻之旅。但50万美元的捐赠数额还是需要经过研究和考量的。50万美元是我们计算出的这对夫妇所要捐赠的数额，以保证其捐赠金额占总资产的5%。那么我们将如何把钱捐出去，捐给谁，是否每年都要捐赠？

即使你的捐赠预算不是很高，你仍然需要花费时间审查你想要捐赠的机构。你可以从感兴趣的慈善机构开始，尽可能地进行实地考察，了解它们的需求以及你如何满足这些需求。当然，与这些机构的相关人员会面也许会占据你大量的时间。确定有利的慈善税收方案，包括增值证券等种种工作，会给你和你的专业团队带来巨大的行政管理负担。

我们可以借助一些捐赠工具来辅助捐赠过程并增加价值，包括建立基金会、捐赠人指导性基金和各种类型的慈善信托。这些策略都是极有价值的方式，但捐赠决定是不可撤销的，因此你也需要花费时间评估它们能否满足需求。根据其中的复杂程度，你也需要和理财顾问针对此类重要事项进行讨论。我的建议是，别因为税务问题而摇摆不定，换句话说，别让战术决策和税务结果过度影响你的捐赠意愿。

慈善顾问、国家和社会基金会，以及像社会风险合作伙伴（Social Venture Partners）等组织，还有其他在线资源，例如Giving Compass（多功能捐赠平台）等，都可以帮助财富创造者明确想要捐赠的领域，从而敞开他们的心扉。同时，以上个人或机构还能提供尽职调查以及教育捐赠的最新趋势分析等服务。

此外，还有一个相当大的行政管理部门可以帮助你追踪慈善事业，工作人员会监督慈善机构的表现，整理你的历史捐赠报告方便你报税，与你保持联络，沟通你对母校或者其他机构的多年捐赠事宜，处理股票捐赠事务（包括文书、证券选择和时间安排），以及比较每年实际捐赠额占年度预算的比例。

慈善事业的另一个实际影响在于，你需要处理即将收到的来自从消防队到你孩子学校的捐赠基金会等各种机构的大量捐赠需求。一旦你被列入捐赠名单，或者参加拍卖，你就会变成他们努力争取的候选人。区分如此多的需求可能会让人不知所措，因为所有的需求听起来都非常重要并十分有意义。

解决财富管理的复杂性

现在你已经洞悉了财富创造者所面临的许多实际财富管理问题。然而，并不是每个问题都适用于你现在的生活，本章无法一一列出你在财富生命周期中可能遇到的所有复杂问题。当财富创造者被复杂性问题包围时，他们或许不快乐、压力大甚至濒临崩溃。但学会自信并且出色地驾驭财富生活中错综复杂的难题，会让你轻松领先大多数财富创造者好几年，因为他们还需要经历痛苦的试错才能学会一些吃力的方法。

当你需要运用所学到的关于管理财富增长带来的复杂性难题的知识时，请思考以下问题：

- 你会给现在的顾问团队打多少分？团队需要做出哪些改变才能提高你的生活质量？
- 选择顾问时，你最看重的因素是什么？什么样的收费结构最符合你的需求？
- 为了更充分地享受财富，你愿意放弃或者简化什么？（比如不再自己管理投资或报税，或减少现有的投资账户和经纪账户数量。）
- 你是否希望你的投资能更好地反映你的价值观？如果是，你希望它如何反映你的价值观？

第四章
钱　商

那些努力创业、从事房地产开发和其他职业的财富创造者，都拥有聪明的大脑，他们被鞭策、被驱动，从而成为各自领域中的精英，而且通常都成了非常精明的商业人士。但是，并非所有的财富创造者都拥有极高的钱商（money EQ），即了解关于金钱的意义及其如何在人们心理上产生影响的成熟的情商。

“情商”（Emotional Intelligence，通常简称为“EI”或“EQ”）一词是由苏必德和约翰·迈耶两位研究者提出的，并由科学记者丹尼尔·戈尔曼在其 1996 年出版的《情商》一书中加以推广。情商包括识别自己和他人的情绪，以及意识到情绪如何驱动自己的行为并影响他人。拥有高情商意味着能够管理情绪及其对自己和他人的影响。金钱往往会引起强烈的情绪反应，而恰当地处理我们对财富的情绪就是我所说的“钱商”。

金钱过往与金钱关系

你与金钱的关系和你对金钱的情感反应与你自身的金钱活动密切相关。理解和探索你对金钱的情感，将有助于你做出明智的财富决定，从而减少金钱对自身和人际关系以及周围世界可能产生的负面影响。

金钱是我们生活中不可或缺的一部分，无论富有与否，我们都必须从经验出发，思考如何处理金钱。当财务生活压力重重时，我们首先要做的就是记住我们在成长过程中学到的东西。大多数人没能建立与金钱的健康关系，主要问题在于从小不曾接受关于金钱的教育。

许多人从未学习过基本的财务技能，更不用说讨论有关富足与贫乏的思维问题了，还缺少诸如此类的思考，例如金钱是实现重要目标的一种手段而非目标本身、慷慨的重要性，以及代表着生活中所谓“资源”的各种形式的“货币”。我们如何能不经过任何培训或不去理解金钱的真正意义，就相信金钱能在我们的生活中发挥积极的作用呢?

无论父母拥有多少财富，我们的金钱观念都是由他们有意或无意传递给我们的。如同传承家庭价值观和假期的传统活动一样，我们从养育我们的人那里学到了许多关于自身与金钱关系的内容，学习他们如何应对金钱所带来的机遇和挑战。我经常询问正在接受我的指导进行财富管理的客户这样一个问题："金钱在你成长的家庭中扮演了什么角色？"以下一系列问题有助于揭示他们钱商的根源。

这个问题总是会激发他们本能的答案，其中一位客户几乎立即告诉了我他讨论过的和还未曾讨论的财务话题；他的父母是节俭还是铺张，是否从未谈论过金钱；家庭是否遭受过重大财务危机或投资损失的困扰；以及父母是如何因金钱问题以及金钱给家庭带来的压力而分开的。

这个问题还会带来一个有趣的结果，那就是了解客户对自身所处阶级的认知，是属于中产阶级、上层中产阶级还是贫困阶级。每个人都清楚地记得他们所居住的社区的质量，所拥有的"玩具"或财产是否比伙伴们少，他们是否必须为了获得"额外的东西"而努力；又或者金钱对他们来说不是问题，即使没有公开讨论过金钱，他们也已经意识到了这一点。

我喜欢跟进询问的问题是："你吸取过哪些关于金钱的教训，并在生活中得以应用？"这个问题再一次得到了迅速且另人激动的回应，例如从不欠债、不相信拥有巨额财富的人、从不公开讨论钱、尽力节省一切、努力工作并自给自足，以及"我再也不会变穷了"。最后这句话是一种誓言，担心金钱不够多，而造成对职业和财务追求的痴迷。

这一系列问题中的最后一个是："你希望自己的孩子过上怎样的生活？"同样，许多人强烈觉得要为孩子提供某些特定的事物，例如受教育的机会、汽车，甚至第一套房子。但重要的是，你需要明白，孩子们可能由于工作和职业选择而无法拥有足够的财富享受家长所喜欢的生活方式。

我经常会问："你希望孩子在工作成家之后住在你附近吗（我的意思是，你希望孩子过与自身成长生活方式一致的生活吗）？如果他们负担不起你所居住的社区的房子怎么办？"父母经常为这些问题的答案而苦苦挣扎，并开始认识到做出这些与情感强烈相关的决定的时间到来得比他们想象的更早。

当我们意识到对财富的情感反应与个人和家族的金钱经历息息相关时，便可以更清楚地看到，我们对金钱问题的下意识反应可能与逻辑决策，甚至真实意愿无关。有一位同我一起工作的财富创造者，我称她为简，她成长于一个从不讨论金钱而且从不缺钱的家庭。她所得到的总是比她所需要的甚至想要的更多。她回忆了父亲给她买新钉鞋的事情，当时她对父亲说："爸爸，我不需要新钉鞋，我有现在的钉鞋就够了！"

她所拥有的东西，如运动课程、旅行机会、衣物首饰等，与她所需要的东西和消费的金额之间存在情感的脱节。这使简在十几岁时就变得非常节俭，并开始精打细算。之后，当需要支付大学学费时，她的父母选择贷款，并要求简贷款。这些经历带来的后果是，当简成年后，她发誓永远不会背负债务，立志要始终掌控自己的钱。

另一位客户成长于一个总是频繁讨论金钱和财务状况的家庭，孩子在很小的时候就要共同面对家庭财务中存在的困难。这并不是一种教学活动，恰恰相反，金钱被人为地用作控制孩子行为的一种方法，比如从孩子的银行账户中拿钱出来。

结果，这个家庭的所有成员都对金钱感到焦虑。他们得到的教训是，应该设法积累尽可能多的钱去掌控自己的生活，这样就没有人可以控制他们。他们凭借极端的驱动力去建立和创造财富，以达到没有人能再次在经济上伤害他们的目的。

我和妻子克勒也见证了我们各自家庭的理财史，体会过这种金钱经历是如何在我们成年后的生活中发挥作用的。我来自一个父母崇尚节俭的家庭，而克勒的父母在她高中时就给她买了一辆很酷的汽车，并带她进行了多次家庭旅行，这种随心所欲的消费在经济上给她的家庭带来了很大的压力。我认识克勒时，她已经负债累累，与金钱的关系很不健康。而我则非常专注于赚钱，并能够购买年轻时奢望的东西。而且我清楚地知道，如果想要得到一些东西，就必须赚钱。

在抚养孩子方面，我们不同的成长经历和金钱带来的不同舒适感便显现了出来。我们购入了超出经济能力的房子，希望能为孩子们提供一切机会。这意味着，我们需要从各方面都优先考虑私立学校的教育和私人课程，比如棒球课和钢琴课等。所有这些都超出了我们的经济能力，而且在经济上的焦虑也大大增加了我们婚姻的压力。

回顾你的金钱过往记录可以帮助你提高钱商。当你意识到与金钱的关系在于过往的经验与行为时，你就能够改变一些不健康的消费。拥有高钱商意味着既拥有自我认知，又能做出财务决策。而这种决策来源于你对金钱的感知和你对这种感知来源的深刻理解。

有关金钱的羞耻感与负罪感

在刚获得财富的兴奋感和金钱带来的特权之下，隐藏着阴暗而险恶的感觉，它们会沁入我们的内心，对我们关于金钱的思考，甚至我们的幸福都产生消极影响。羞耻感和负罪感建立在恐惧之上，如同批评家使用诸如“你不够好”、“你不配拥有”、“你是一个有钱的势利小人”或“他们不是真的喜欢你，只是喜欢你的钱”的言论来轰炸我们的思想。面对这种痛苦的自然反应是，通过忙碌、躲藏、控制和许多其他应对行为来掩盖它。

一些财富创造者缩小了他们的社交圈，只同与他们的财富水平相当的朋友交往，这样他们就不必担心因财务状况而受到评判或羞辱。许多财富创造者面临的真正挑战是，由于拥有“太多”或比周围的人拥有更多而感到羞耻和内疚。找到分享这些不良感受的途径很重要，也相当具有挑战性，因为很少有人真正了解你所经历的情感，但却总是评判你这些感受的真实性。

几年前，我有一位非常富有的女同事，她过着奢侈的生活，却因为自己奢侈的生活方式与低收入同事以及所服务客户的生活方式之间的强烈对比而产生焦虑感。如果他们发现她工作之外的真实生活怎么办？她奢侈的生活使她对自己拥有的财富感到不适，并且很难尽情享受自己的财富。

她是否应该拒绝自己可以轻松负担的东西，追求更斯巴达式的生活方式，以便于更好地适应工作环境？她是否应该做更多事情来帮助那些不幸的人，寄希望于慈善捐赠从而减少她每天感知到的不公平？当我们坐在她豪宅的客厅里时，我能感觉到她的紧张和分享这些感受时的尴尬，她需要被认可和理解。

而另一则案例中，一位单身女性不希望任何人知道她很富有，因为这会影响她与男性建立有意义的关系。一旦她的伴侣发现她很富有，他们的行为就会发生改变，她对此感到沮丧和羞耻。她只希望所得到的爱是出于她是谁，而不是因为她很富有。因此，她开始对自己的财富保密，并尽力确保只有少数人知道她真实的经济状况。

金钱带来的羞耻感和负罪感会伴随悔恨和嫉妒。财富给生活带来的新挑战和新变化会使你感到悔恨：有时你会希望能够回到更简单的时候，回到金钱让一切变得复杂之前的时光。还有一种后悔源于你在事后回顾时发现，当初做出了错误或退而求其次的财务决定。你会对自己说：“要是……就好了。”很多时候，对于失败的感知，会导致未来做出不健康的财富积累行为。

当你开始把别人积累的财富或他们取得的成功与自己的经济地位进行比较时，嫉妒就会慢慢滋生。无论你在经济上多么成功，总会有人拥有更大的房子、更豪华的汽车和更多的存款。你是否经历过在某个派对上，所有人都想与成功的企业家或财富创造者交谈，而在交谈时，目光却总是从你身边绕开？其实这种用金钱和资产规模定义的成功很容易就能理解。

提高钱商的部分内容就是，认识和理解面对金钱与财富时的负面情绪，包括负疚、羞耻、悔恨和嫉妒。找一个人一起探索这些感受尤为重要，无论这个人是顾问、理疗师、朋友还是家人。

我把这个角色称为“财富知己”——既是财务专家，又是教练，最好有能力解答你关于金钱方面的问题以及金钱对生活场景产生的影响。这种关系代表着最高形式的信任，因为你会与他（或她）分享关于你财务生活和情感生活的细节。这就是为什么我把自己的播客节目取名为《财富知己》（*The Wealth Confidant*），因为这也是我为客户所扮演的角色。

贫乏思维与富足思维

当我聆听和感受客户的想法时，我想用某种方法去理解和评估他们对金钱的各种情感反应。在收集这些对话中的数据时，我发现财富创造者的钱商往往处于两种截然不同的极端：富足思维与贫乏思维，所有权意识与管理权意识。

贫乏思维会让人们觉得永远没有足够的金钱（或时间），对此唯一的解决办法就是得到更多。对于财富创造者来说，金钱和时间这两种商品都是有价值的，钱越多，时间就越多，选择也就越多，所以他们的重点往往集中在积累更多的财富上。贫乏思维会导致一种输赢对立的状况：资源是有限的，可用的资源更加有限，所以如果别人先得到了，就没有留给我的了。

读到这些话，你就会立即感觉到这种心态所产生的恐惧和焦虑情绪。这种想要获得更多财富资源的思维方式产生了很多负能量。就像玩孩子们爱玩的“听音乐转圈抢椅子”游戏一样：椅子数量不足以让每个人都有坐的地方，有贫乏思维的人经常绕着椅子转圈，因为他们绝对不想成为没有座位的人。贫乏思维会导致一种短视的金钱观：当金钱不足时，你将永远无法放松和享受已经拥有的财富。

而富足思维与贫乏思维恰恰相反，这种思维模式认为每个人都有足够可支配的资源，我会得到属于我的那份。这种思维方式消除了人们对桌边的椅子不够坐的担心和忧虑。这种思维不代表要否定带着极强的目的性、为获得自己的那份资源而努力工作的方式，而是要从内心感觉到可用的资源是足够丰富的，感受到自身目前的状况已经足够好了，将来在需要时，会得到更多的财富资源。拥有富足的心态会使我们金钱“油箱”上的指针调到“满”的位置，我们可以体会到知足、满意和平静的感觉。

阿尔伯特·爱因斯坦证明了一切都是能量（字面上的意思）。职业卓越教练协会的创始人布鲁斯·施耐德指出，人会产生两种类型的能量：分解代谢和合成代谢。分解代谢会消耗、收缩和抵抗能量。最简单的类比是压力，当我们长时间承受压力时，它会导致各种健康和情绪问题。分解代谢的过程会消耗人体储存的能量。合成代谢的能量则是有建设性的、不断扩展的和充满活力的，是人体自身建立和成长的过程。[29]

了解这些概念就能有效理解富足思维和贫乏思维。类似于分解代谢的能量会消耗我们一样，拥有贫乏思维模式的人认为，只有牺牲自己的利益才能获取某些东西。富足思维则像合成代谢的能量一样，以创造为中心，专注于扩张。如果财富创造者想要提高钱商，可以学习将重点转移到富足思维上。

所有权意识与管理权意识

我想与财富创造者一起衡量的另一个指标是，他们的所有权意识与管理权意识。这种意识与如何持有金钱相关：开放式还是封闭式。打比方说，如果你的双手紧紧地抓住金钱（很多时候像惜命一样抓住金钱），这就反映了你的所有权意识。“钱是我的，是我赚的，只为满足我自己的利益。”当我们问“赚钱是为了什么”时，对于那些有所有权意识的人来说，答案是除了“自己”和“我的需求”，财富再没有其他任何目的。

几年前，我曾与一家国际专业服务公司的高管一起工作。他非常关注自己净资产的规模、增长率和收益情况。我会定期邀请他来参加讨论，探讨关于金钱更广泛的用途，但他并不想参与其中。他毫不犹豫地告诉我：“你看，这很简单，我只把钱看作我自己的利益以及与我的孩子和几个亲密朋友分享的利益，仅此而已。”

他非常务实地对待自己的日常工作以创造财富和增加财富，并期望获得越来越多的资产，从而扩大自己可以选择的生活方式范围。他从自己“拥有”的资产中获得可持续的养老现金流，这给他带来能量，让他觉得舒适。简言之，他的人生秘诀就是努力工作并充分享受金钱。对他来说，财富的目的仅仅是满足自己和最亲近的家庭成员的利益。

在极端情况下，所有权意识会主导我们对金钱的情感反应，进入一种戈登·盖柯①式的“贪婪是好事”的思维，以自私自利的心态考虑结果。就像万圣节前夕，孩子们挨家挨户索要糖果一样，游戏设定就是获得尽可能多的糖果，不需要与任何人分享。第二章中讨论的许多财富陷阱——孤独、抑郁、焦虑和以自我为中心——都是金钱所有权意识的写照。

然而，管理权意识则认为金钱就像流水一样，流过人的一生，正如琳内·特威斯特在《金钱的灵魂》一书中所描述的那样：“金钱流淌过我们的一生，有时像奔腾的河流，有时像涓涓细流……它可以起到净化、清洗、创造增长和滋养的作用。但如果它被阻挡或握住太久，就可能停滞，反而对那些持有或囤积它的人造成伤害。”[30]

管家是一种管理和照料所受委托的资源的角色。管家就是受托人，也是我作为财富顾问所扮演的角色。金钱不属于我，但法律要求我对待它要像对待自己的钱一样认真，并把我自己的利益置之不顾。在管家（管理权）意识下，我们认为“我的”钱更像“我们的”钱——金钱被别人所拥有，我们只是在一段时间内监督和使用它。我们都能意识到“你不能带走

---

① 戈登·盖柯是电影《华尔街》中的人物，他贪婪成性，在幕后操纵股票行情，赚得大把不义之财。——译者注

它”，这意味着我们可以在精神上把金钱重新定义为一种不同的东西：是我们借来享受一段时间的资源，而不是我们囤积和隐藏的东西。如果把财富想象成能量，虽然不是我们拥有的资源，但可以为我们和他人的生活带来尽可能多的益处。

凯文和卡罗勒是一对夫妇，卡罗勒在两家高成长性企业里担任高管，赚了一大笔钱。他们请我帮忙为退休后的支出做资产平衡，同时在遵循他们信仰的条件下，管理他们所认为的上帝赐予的资源（金钱）。他们的观点是，他们是被委托去享受、保护和增加这些资产的，而金钱却并不完全为他们的利益服务。他们总是将慷慨放在首位：在留给孩子一些平常的赠予之后，他们想把剩下的财产全部捐给慈善事业和教堂。

这对夫妇的思维就属于“管理”而不是“所有”。作为一名理财顾问，在做有关财务独立性的简化计算时，我通常会在计算中除去房屋、船只和个人财产等因素。但对于凯文和卡罗勒而言，他们却明确表示想把所有的资产放在一起核算，以尊重他们的信念，即他们只是这些资源的管理者。每年，我们都会重新进行独立财务核算，不是为了确保他们需要保留多少财富，而是确定他们可以捐出多少！

管理权意识引发了一种为集体而非个人利益而慷慨分享的情感反应。“给予”是一种金钱多巴胺，可以催生出一种高涨和快乐的情绪。因此，“慷慨使人快乐”是一个真理。与金钱建立管理关系是提高钱商的关键，也是保护你和家人不受与财富相关的陷阱和风险影响的关键。

有意识和无意识的金钱

在管理权意识下，我们会有意识地在打理资源上做出选择，无论时间、才能、环境或自然资源，或是银行账户上的余额。但我发现我在生活的许多方面都是无意识的。例如，对消费而言，从我的生产活动中产生的垃圾到食物中的化学物质，都对地球有害，对此我却没有认知。当我能越发意识到这些问题时，我就越来越难以回到相对无知的状态。

同样的概念也适用于金钱本身：我们知道钱在哪里，投资了什么，清楚如何用钱去支持和帮助解决世界上的某些问题。同样地，我们也很容易走上无意识的道路：当我们支持某些公司以及产品时，不会考虑这些公司或产品会带来有害或有益的效应，就好比我们投资自动驾驶系统，却没有考虑我们的投资对下游可能产生的影响。阻碍金钱流向它需要流向的地方是另一种形式的无意识行为。例如，如果由于我不想花时间或精力去理解金钱能够发挥最大作用之处，便将之囤积起来，那么我便是在逃避作为这些资源的管理者的责任。

对金钱有意识和无意识的程度也会影响我们的钱商。通过回顾我们家庭的财务历史、信仰、所接受的培训以及与金钱有关的最深切的恐惧，我们会突然认识到使用金钱的动机和动力。我们可以提高钱商，在财务生活中做出更明智的决定，获得更大的幸福感，而不是无意识地在财富中摸索。

乔尔·所罗门是加拿大最大的使命风险投资（mission venture capital）公司——复兴基金（Renewal Funds）的联合创始人，他在《清洁货币革命》（*The Clean Money Revolution*）一书中提出这样一条建议："做生意和投资就像对待食物和健康一样。你吃什么、投资什么，你就是什么。赚钱带来的副作用就源于我们自身。"

乔尔说："我们就是我们的金钱。上面有我们的名字……我们如何使用金钱，体现了我们是谁和我们的信仰。"[31]

金钱代表着我们优先考虑的事情、价值观和选择。试想如果你的钱上都写着你的名字，这种责任感会如何改变你支配金钱的决定？提高对财务选择的意识水平，是修复我们与金钱的关系、提高钱商的重要一步。

钱商评估

我的目标是帮助财富创造者意识到他们对金钱的情感反

应，特别是让他们关注特定的金钱过往，以及这个过往如何影响他们当前与金钱和财富的关系。钱商评估提供了一个框架，使你理解你是如何以及为什么会有这种感觉的，并让你知道你对财富的感觉是正常的。查看你在钱商这四个领域的位置，就可以为你开辟理解的道路，开始建立与金钱更健康的情感关系。我相信，想要拥有富足思维和管理权意识，首先要改变我们对金钱的看法，改变我们对金钱的情感，最终改变我们的金钱行为。

在钱商评估中，四个 C 代表四种思考和感受的领域（见图 4.1）：关注（Concern）、谨慎（Caution）、控制（Control）和满足（Content）。

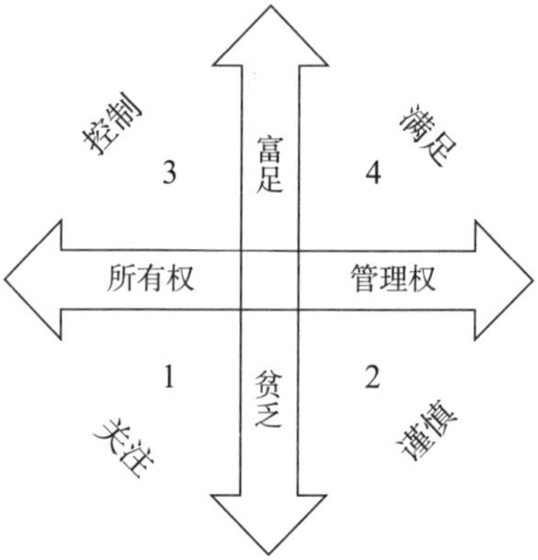

图 4.1　钱商

第一领域“关注”是基于贫乏和所有权的思维模式。那些对钱具有“关注”的情感反应的人，总是握紧拳头予以回应，并且带有贫乏的心态，总是需要更多的钱。这一领域的情绪包括担忧、焦虑、愤怒，甚至有对金钱的痴迷，并且对财富积累过度重视。有的人嫉妒别人拥有某些东西，有的人则认为自己拥有的远远不够。

在“关注”领域中的财富创造者需要获得更多金钱给予他们安全感和独立性，从而享受他们所设想的生活。他们的重点是不断地建立、保护维持自己生活方式的资源，希望能击退一直存在的某种恐惧和压力，例如，担心发生不好的事情，被迫退缩或简化生活方式。分解代谢产生的能量在这里处于最高水平。

凯特是一家非常成功的科技公司的早期员工，退休后住着舒适漂亮的度假房，享受着优雅的生活方式。所有这些都建立在她公司股票的强势表现上。多年来，公司股价的大幅增长给予她安全感。她的股份收入远远超过了她的个人消费需求，未来也依然如此。然而，凯特却因持有的股份遭受了情感上的束缚，甚至卖掉一部分股票以分散投资组合的想法都给她带来了莫大的压力。

尽管凯特知道她的资产能够大大满足她的需求，但当她的生活方式和舒适度存在真正的或潜在的干扰时，她还是吓坏了。她会避免任何看起来有风险的事情。她需要不断证实自己所能获得的利润正在持续增长，并足以缓冲和抵御任何可见或不可预见的冲击。似乎再多的钱也无法消除她的恐惧。凯特的例子证明了人们对金钱的“关注”反应。

评估钱商的第二领域是“谨慎”，我们将转到所谓金钱属于“我们的”管理权意识和对金钱的开放态度上，此时依然处于由贫乏思维和拥有不够多的感受带来的压力下。“谨慎”的行为之所以占据主导地位，是因为想要保存和保护所拥有东西的动力与试图享受金钱所代表的馈赠之间产生了冲突。

这种冲突可能会促使你为自己自私的行为辩护，这些行为会让你感到悔恨和失望，从而更加想要被优待和信任。与糟糕的财务决策相关的羞耻感，或者看到别人成功的嫉妒感，也会让你进入这个领域，你觉得自己应该得到一个不同于现在所处环境的结果，但不明白为什么你没有得到它。

举个例子，兰斯真诚地希望自己做好财富的管家，而且他有许多需要感激的事情。他坚信生命是一份礼物，他的经济来源亦是。他住在丹佛的一个房价昂贵的郊区，有着理性的消费行为，同时也偶尔挥霍一番以享受自己的收入果实。在反思的过程中，兰斯告诉我，他对未来充满焦虑，也十分纠结他自己是否已经从高薪工作中存够了钱。

他想要放下恐惧，当有机会把钱用在更高的目标上时，他会毫不吝惜，但这可能与他对安全感的需求相悖。具体地说，他想要增加对教会和慈善事业的投入，但这些欲望被恐惧和对未来的忧虑所压倒，以至于他选择了一条安全的路，即不做或者少做任何想做的事。当涉及钱的时候，兰斯所处的情感区域是“谨慎”。

第三领域是“控制”，这是所有权意识和富足思维的交汇点。你清楚地知道你拥有得足够多了，甚至可能远远超出预期，你花钱几乎完全是为了自己的安全感和自我满足。你拥有的一切都是你的——你为之付出了努力，并打算好好享受。这种态度的交叉会导致过度消费和囤积财富的行为，甚至产生认为自己值得拥有某种生活方式的傲慢。

那些正处于“控制”情感反应下的人有可能沉迷于金钱，有负罪感，或者正在试图逃避对自我态度和行为的内省。在人际关系中，那些处于“控制”领域的人可能会发现自己无法处理与配偶或伴侣之间的情感和沟通问题。逃避并抱有“我不想处理它”或“我不知道如何处理它”的态度，从而阻碍金钱的流动，并产生一种情感受限的状态。

布赖恩无论是心态还是财务上都状况良好。他过着非常舒适的生活，拥有金钱上的成功所带来的一切：拥有一套地段不错的房子、一辆豪华汽车，还有充足的食物、酒水和旅行预算。他在物质上已经得到充分的满足，就财务稳定性而言，他的生活基本上处于“定速巡航”状态。

尽管他不怎么忧虑，但他最关注的问题还是如何避免可能影响生活质量的风险。这是一种挥之不去的感觉，他希望在未来的某个时候变得更加慷慨，更专注于他人，但现在，他更喜欢把钱花在自己身上。他相信将来会有时间从事更有意义的事情。布赖恩表现出了与“控制”相关的强烈的所有权意识，也许有一天他会走向富足思维。

最后一个领域是“满足”，是富足思维和管理权意识的结合，它使你与金钱建立联系并保持一致。开放的管理和对金钱更高层次的理解与富足的心态相结合，让金钱在你的生命中自由而自信地流动。那些情感上“满足”的人能够理解目标和金钱之间的联系。更高层面的使命让他们拥有了摆脱恐惧的自由，从而做出有意义的贡献和慷慨之举。

我很难找到“满足”这个领域的例子，因为一旦涉及金钱，没有人是圣人。当我思考谁是能够感到“满足”的人时，我决定说说这位我认识的人中最慷慨的一位——贝卡。贝卡努力的目的从不是变得富有，她流露出一种温柔的自信，无论处于何种情况，她都有足够的经济条件满足自己的需求。她已经感到极度幸福，这种感觉却并非来源于投资报表的余额。她从目标和使命感出发去追求事业，相信自己有责任像管家一样使用她的天赋和财力，既享受生活，又能帮助解决世界上她最关注的问题。她积极地寻求慷慨解囊的机会，无论是给一些机构提供大笔捐款，还是给予需要帮助的陌生人价值 20 美元的小礼物。她不仅想捐钱，还想慷慨地奉献自己的劳动、影响力和专业知识。贝卡在与金钱的关系上感到满足和自由，既是因为她对不幸的人抱有慷慨的态度，也是因为她注重意义与成就感，而非消费。

金钱和生活总是充满挑战和变化，当生活环境影响你的情感走向时，你可能会经历从一个领域到另一个领域的转变。我相信钱商可以通过自我意识发展并成熟，然而，你也许会经历某些触发性事件，导致你回到以往的思维和行为模式。例如，当股市下跌、财务预期并不乐观时，人们很容易感到不自信。这时候列出一份情感“清单”或许能帮助到你，它可以评估你的富足思维和管理权意识，并引导你的思维走向一个更自信、更有联结性的财务未来。

我希望自己在钱商方面获得更多的满足感，但却经常被那种由恐惧而产生的自我聚焦和匮乏感所支配。有时候，我的内心会产生希望“拥有更多”的需求，有时候，消费主义占据上风。我越来越意识到，我可以真正地控制自己对金钱的想法。当我越发有意识地将自己的思想转向合成代谢和给予生命馈赠时，“关注”“谨慎”“控制”的情感和行为就越少，我体验到的快乐和“满足”就越多。

对我来说，这意味着我将充分相信上帝会给予充足的资源，满足我的需求；认识到与世界上大多数人相比，我极其富有；接受我必须如同一个管家一样，管理所拥有的资源和上天的馈赠。以我为例，我相信上帝对这些资源的使用是有目的的，而不仅仅关乎我个人的利益。当这些资源被投入使用，并与我独特的贡献和使命感相结合时，我会体会到巨大的喜悦。这些话题也将在后面的章节中探讨。

为了帮助你了解对财富的所有权意识、管理权意识、贫乏思维和富足思维的反应，我为财富创造者创建了一个在线互动工具，用来评估钱商。你可以访问下面这个链接，回答问题，这些问题将揭示你对管理和富足概念的情感反应。

你的钱商不只是一个数字，而是一系列与金钱相关的情感，驱使你做出与金钱相关的行为。我们中的一些人自信地做出了关于金钱的种种决定，而另一些人则在不断挣扎。每个人对金钱都有一种独特的情感关系——一种受到态度、观念和过往经历影响的情感关系。这些因素的结合可能使我们倾向于过这样一种生活：要么金钱以一种积极的方式实现我们的目标，要么金钱与我们对立而使我们感到不适或不满足。

请你参加 http://www.jcchristianson.com/assessment 网站的钱商评估，以便更好地了解自己在金钱问题上的情商。

当你探索钱商时，请思考以下问题：

- 你在孩童时期学到了哪些金钱教育并应用到了成年之后的生活中？
- 你有金钱意识吗？或者你选择忽视它？为什么？
- 关于金钱带给你的感觉或行为，你最想改变的一项是什么？

第五章

金钱与人际关系

无可否认，当我们与家人和朋友的关系处于健康积极的状态时，生活往往会更加美好。同样地，我们与金钱关系的好坏也会极大地影响人际关系的好坏，从而影响我们对生活的满意度。金钱与人际关系的交叉点，就是情绪压力点，会引起恐惧、忧愁和焦虑等情绪。这些负面情绪会成为财富创造者的绊脚石，使他们陷入困境。如果忽视这些负面情绪，那么总有一天这些消极因素会变成生活中异常尖锐且无法消解的难题，不断地给生活带来负能量。

从我与白手起家的财富创造者的合作经验来看，当你对金钱的认知和经历有限时，便很难预料到这些潜在的压力源。你的钱商与你和金钱的过往紧密相关，如果你是一位财富新手，那么你还有很长的路要走。本章我们将审视一些常见的金钱障碍，这些障碍常常让人陷入困境，影响并改变人们的人际关系。或许你与金钱的关系让你陷入困境，或许你需要改变自己对成功的定义。

我们将探讨例如财务角色、经济支出和储蓄决策、决策优先级、价值观一致性以及如何区分“我的钱”和“我们的钱”等与婚姻和金钱有关的特定问题。通过了解曾经与你共同创造财富的伴侣的财务压力的主要根源，以及学习他人如何成功克服困难的经验，你便可以改善自己的整体财务状态和人际关系。

财富新手可能会改变或挑战与家人和朋友的关系，在经济支出或提供财务支持方面可能出现包括嫉妒、恐吓等诸多情绪问题，或者仅仅因为经济差距而与家人和朋友变得越来越疏远。许多财富创造者试图通过隐瞒自己的财务状况来保护自己的人际关系，但这种方式也同样会造成双方的情感障碍。

婚姻、人际关系和金钱

那些我们最为亲近的配偶或伙伴，以及我们最爱的人，都是受我们财富状况影响最深的人，与之沟通与否以及如何沟通都十分重要。阿德里安·弗纳姆教授曾写道：“人们在恋爱时，金钱问题往往被忽视或拒绝谈及，但这个问题在婚姻中却总是争论的重点，并且是许多离婚案例中的焦点问题。”[32] 金钱是婚姻关系和其他人际关系最具挑战性的主题之一，也是造成离婚和婚姻出现压力的主要原因。

一项于2013年进行的研究使用了超过4 500对夫妇的数据。研究人员发现，关于金钱的分歧是夫妇离婚的最高诱因。堪萨斯州立大学家庭研究学的助理教授索尼娅·布里特说："人们选择离婚的最大因素就是金钱，而非子女、性、姻亲或其他事物，从这一点来看男女是一致的。研究结果表明，挣多少钱或拥有多少财富都是次要的，因为金钱引起的争执才是人们离婚的主要原因，因为这种争执发生在各个阶层。"[33]

琼·阿特伍德曾在美国《家庭治疗期刊》中撰文表示："谈论金钱是婚姻中的最后一个禁忌。夫妻之间宁可谈论性，甚至婚外情，都不愿谈论如何赚钱或理财。"[34]美国《金钱》杂志2014年进行的一项民意调查发现，70%的夫妻会因为金钱而产生争执，并且要比因其他话题而产生争执的次数多得多。[35]

就我个人的经验而言，金钱是人际关系中最容易产生分歧的话题。我们都与金钱建立了独特的联系，并将之带入婚姻、友谊与家庭。我自己也同样无法幸免。克勒与我在消费支出、给子女多少钱、需要攒多少退休金方面进行过激烈的争论。

就我多年为多对夫妇提供咨询服务的经验来看，开放性与非批判性的沟通是解决如围绕财务角色、家庭收支、财务优先事项以及家庭核心价值观与金钱"所有权"之类问题的关键。

角色认定

决定由谁负责“管理”家庭财产对夫妻而言十分重要。从我的经验出发，夫妻一方如果拥有理财经验或者对理财抱有极大的兴趣，通常会承担这项责任。然而，尽管另一方会因为不必承担家庭日常财务工作而感到轻松，但每当出现金钱分歧时，这便成了双方最脆弱和最令人害怕的话题。

随着财富的增长，杰克和阿曼达这对夫妇就面临着婚姻中财务角色的难题。杰克是一名成功的高管，曾用很短的时间就晋升到了重要职位。他忙于工作，在买房、旅行和生活方式上支出有余。由于自己在不断赚钱，而且没有时间思考太多，因此并未重视家庭储蓄和节约开支。他的原生家庭并不富裕，但他自己没能真正了解金钱是什么，不知如何驾驭它，妻子阿曼达则忙于抚养子女。因此，杰克承担了处理家庭生活账单和日常财务的主要责任。

阿曼达已经习惯了高收入带来的奢侈生活，但她意识到如果丈夫发生任何意外，她自己将处于一个极度脆弱的境地，而且她对家庭的财务状况一无所知。这样的想法给她带来了极大的压力。令她感到恐慌的是，到那时，她将独自抚养孩子，并需要负担奢侈生活的成本，更何况她对日常财务状况一知半解。因此，我的建议是，请这对夫妇调换一下角色，让阿曼达负责处理家庭日常开销。这样，她便可以逐渐熟悉家庭中各种日常财务的需求了。

对于很多财富新手来说，随着生活中财务复杂程度的增加，他们对处理如保险、股票期权等员工福利、债务和日常家庭开支等事务感到不堪重负。而我发现，夫妻定期轮流担任家庭“首席财务官”的角色，对解决此问题有很大助益。原因有以下三点：

- 日常财务细节极易被忽略。没有什么比沉浸在真实账单和无数账户中，并结识提供专业服务的人士更能让人体会到大权在握的感觉了。
- 在财务承诺和家庭理财策略方面，你或许会比对方有更多不同的想法，而且你的新点子很可能会激发出新的理财方式。
- 夫妻双方都将有机会体验此角色所需要付出的时间、精力和责任感。

因此，转换角色对杰克和阿曼达这对夫妇产生了重大影响。随着他们对自己的财务状况有了新的认识，阿曼达感觉自己被赋予了支配金钱的权力，面对未来的压力也随之减轻。

支出与储蓄

一个家庭支出和储蓄的水平决定了这个家庭的预期生活方式，可能会造成紧张的局面。随着资产水平的提升，家庭开支预算会同步上升，此时大家面临的问题就变成了“这种趋势什么时候停止”以及“我们到底可以负担得起什么”。我经常听到关于这些问题的不同观点，例如夫妻之间一方追求奢华，另一方则趋于保守与节俭。一段关系中双方在决定支出水平方面很少有达成一致意见的时候。

你的伴侣或每一位合作伙伴都有各自的金钱过往，每当消费时就会触发他们在父母或其他亲人影响下产生的消费观念。这种根深蒂固的消费观念极大影响了消费决策。例如，如果你成长于经济拮据的家庭环境中，父母从来只购买打折商品或经常使用消费券，那么你便会养成严格控制支出并且必须拿到最优惠价格的消费习惯。如果你成长于一个信奉“不要露富”的家庭，这便意味着你习惯于保持低调，并习惯做出融入人群的消费决策。

对财富创造者而言，通常没有一个明确的标准去衡量什么样的生活方式才是可取的或合适的。我经常听到这样的问题：

“我们的消费水平跟其他人相比如何？”基本上，伴侣们想知道的是：“我们这样的生活方式可以吗，是正常的吗？”因为他们的开销与之前相比要多得多。

这或许是财富泡沫中的一个特殊问题，像在人人都是“百万富翁”的西雅图和硅谷，满足基本生活的成本就已经很高了。“在这里生活的人如果只有两三百万美元的存款，就会觉得没有安全感。”加利福尼亚州门洛帕克的财产规划师戴维·W. 黑蒂希说道，“我们处在一个怪异的环境中，这里的人对世界上的其他地方失去了看法。”戴维·科布拉斯是硅谷的一名程序员，他将这种现象描述为“根据你的现金流决定你的生活圈”[36]。当周围的每个人都拥有一辆价值 6 位数的汽车，都把孩子送进私立学校，并且平均每个人都拥有价值超过 100 万美元的房子时，在这种情况下，你很难设定一个合适的消费基准。

总体而言，当你对所选择的生活方式是否长期可持续有一个量化的概念时，就可以减轻很多压力。不断质疑这些钱能否一直够用会让人感到非常不安，这样的想法会给人际关系带来很多压力。

史蒂夫和萨莉这对夫妇最近因一笔利润丰厚的家族业务而收益颇多，他们的生活消费水平也在近几年中大涨。但萨莉越来越对日益增长的开支感到不适应。她成长于一个习惯保持低调的家庭环境中，而面对昂贵的房子、奢华的汽车和豪华旅行，她肉眼可见地变得紧张。原因并非她不喜欢奢侈的生活，而是别人认为她很有钱这一点让她觉得很不舒服。她渴望回到他们变富有之前那种更简单的生活。

史蒂夫也同样觉得他们有时过度消费了，但他并不想放弃在物质上挥霍的权力。他已经意识到在减少开支这方面，妻子与自己有相当严重的摩擦。但萨莉只是希望彼此可以商定一个消费预算，并且双方都有义务不超支。然而，目前她对两人确立适当的消费水平并在一定数额内生活的能力丧失了信心。

人们在面对每年 25 万美元甚至更多花销的现状时，常常会说："所有的钱都去哪儿了？我们并不觉得自己花了那么多钱。"此类言论也有真实性，毕竟打理房产、汽车以及高端的生活方式确实要花很多钱，有的夫妇只是在为自己选择的生活方式买单，没有任何额外的开销。

为了帮助这对夫妇调和他们在消费和储蓄方面的分歧，我首先请萨莉描述让她感到舒适的生活方式，比如住在一个仍然漂亮的社区里，但拥有一个比现在小一些的房子，对生活有清晰的愿景和费用需求。她需要确认夫妻彼此会定期商议生活开支，这样才能建立对彼此财务决策的信心。

史蒂夫同意分门别类地详细记录他们的开销，这也便于他们讨论资金去向并评估消费的可持续性。此类对话对需要打理财富未知领域的新贵夫妇来说至关重要。这种以事实为基础、彼此直接而坦诚的交流，能够帮助史蒂夫和萨莉夫妇朝着共同的目标走下去。

决定财务优先事项

夫妻之间常常难以在财务优先事项上达成一致，而此类意见分歧则会引起家庭矛盾。詹姆斯是一家快速发展的小型私企的高管。他和妻子玛丽对金钱的用途有着截然不同的看法。丈夫为自己有6位数的收入以及大量积蓄而感到自豪。尽管妻子非常感恩他们所拥有的能够带来巨大安全感的财富以及消费奢侈品的能力，但她希望能把更多的钱花在与家人的旅行和其他共同经历中，因为共同的经历可以被永远铭记。丈夫更喜欢存钱，妻子则更喜欢体验，他们在财务优先事项上存在固有的分歧。其实这两种事项都非常重要且极具目标性，但确定优先级对他们幸福的婚姻至关重要。

詹姆斯负责家庭投资理财以及支付大部分家庭开支，玛丽负责控制日常预算以及子女开销。在安排家庭旅行或讨论用于家庭体验的消费时，玛丽觉得自己的建议总是被忽视。而詹姆斯在享受高质量的家庭体验或旅行时，仍然首先专注于他的存钱目标。他沉迷于最大限度地得到优惠和减少开支，当面对妻子的意愿时，他总是持消极态度，因为他认为妻子的意愿干扰了他的存钱目标。从根本上来说，他并不相信玛丽能够良好地控制支出，所以只能试图通过节俭解决问题。不难想象这种情况一定会影响婚姻和谐。玛丽也确实认命地接受了夫妻之间这种令人沮丧的模式，并且不再梦想着一家人一起去旅行或进行其他团体活动，因为这势必会引发争执。

我为这对夫妇服务时明确了一点，他们双方都希望能够达成一种理想的结果，那就是以他们负担得起的价格获得美妙的家庭体验，但这种想法也出于他们固有的财务观念。这对夫妇为了达到理想的结果进行了头脑风暴，并按照 1~10 的优先级对各自的意愿列表进行评分，从而确定他们彼此共同关注的优先事项是什么。学会尊重夫妻双方为家庭带来的价值是这个过程的重要组成部分：让詹姆斯学会重视妻子提出这些激动人心的想法的远见与热情；让玛丽学会重视丈夫为了家庭财务安全，协调家庭预算而进行砍价的细致生活方式。

他们选择了一个星期六，在星巴克进行了一次“财务约会”，讨论家庭财务的优先事项，没有带孩子在身边。詹姆斯的目标是倾听妻子的意见，询问她对于家庭生活方式的愿景，了解她所期望的家庭体验项目的品质，并且给她时间表达她的期待与希望。倾听妻子的想法并不需要花钱，因此詹姆斯保持聆听的姿态，并且开始好奇和了解妻子的所思所想，这帮助他重视妻子为家庭和婚姻关系带来的价值。直到那时，詹姆斯才开始着手制定实现玛丽愿望的实际规划，依然试图在价格上取得最大的优惠，同时他开始着手安排后勤事宜。玛丽非常欣赏丈夫的这项技能，因为她并不愿意承担这部分任务。双方确定了“财务约会”的日程后，詹姆斯和玛丽向我反馈说，他们计划以最优惠的价格度过一个美好的家庭假期。而“财务约会”也成为他们今后沟通的范例，因为这种方式确实发挥了作用。

价值观一致性

使用相同的财富语言是理解伴侣所珍视的价值观的关键。安东尼和布鲁克这对 30 多岁的夫妇在设定他们未来的财务愿景时仿佛不在同一个频道上。他们都曾在谷歌任职并积累了财富，并且持有两家以定制生活方式为主营业务的私人企业的大量股权。

当我遇到这对夫妇时，安东尼对他们彼此间有关金钱的交流感到非常不快，这让他在谈及这个话题时表现得非常消极。布鲁克则不理解为什么安东尼的回应如此消沉，所以她就更努力地将自己的想法付诸行动。在这个互相失望的怪圈中，安东尼只好更加埋头苦干。

为了解决他们的问题，我采取的第一步措施便是审视他们各自的价值观。通过这种方法，他们和我都很明确，他们所看重的事物存在显著差异。对安东尼来说，了解财务决策背后的细节、流程和相关研究是最重要的事；然而，布鲁克却侧重于探索一些有见地的想法，去了解可能发生什么情况。

在对财务决策背后的细节和可能带来的影响一无所知的情况下，安东尼无法支持妻子一时的激情，这就使他在此类对话中变得颇为扫兴。布鲁克则会过分执着于自己的“好点子”，因此有时需要安东尼帮助她放缓脚步，只有这样，两人才能判断某个想法会对他们的生活和家庭幸福的不同方面产生哪些财务上或其他方面的影响。

与安东尼和布鲁克合作期间，我的目标就是帮助他们认识并尊重彼此的价值观，了解这些价值观如何弥补各自的弱点。安东尼对财务生活的细节和节约资源感兴趣，而布鲁克则可以从设定远大目标与抱负、帮助实现家庭梦想中获得能量。尽管制定家庭财务愿景非常重要，但采取行动前需要进行谨慎的研究，知识也同样需要灵感的补充才能带来一个令人瞩目和兴奋的未来。安东尼和布鲁克都可以发挥各自的作用，并且通过对彼此价值观的新认识，他们都成功地为家庭财务决策做出了贡献。

“我的钱”与“我们的钱”

在与各类夫妻进行有关财务的对话时，我经常看到，如果家族遗产、收入及投资等财富积累发生在亲密关系开始之前，那么双方会产生一个关于如何看待金钱的自然压力点："我的"和"我们的"。一些夫妻倾向于独立管理各自的资产，而另一些则倾向于将夫妻双方所有的钱都存入夫妻联合账户。当然，也有一些夫妻结合了两种方式，将大部分资产当作独立财产，少部分放进联合账户中共同享有，用于储蓄或特定开销。

通常来说，如果夫妻中的一方在创造财富上有举足轻重的地位，那么另一方则会在其他方面做出牺牲，比如成为全职家庭主妇或家庭"煮"夫，或做一份他们喜欢但收入不高的工作。在夫妻双方财务不均衡的情况下，尤其其中一方完全负责赚钱而另一方毫无收入的情况下，如果双方不能进行很好的沟通，那么他们在做出重大财务决策（谁可以花钱、花在什么地方、花多少）和日常开销方面就会产生重大分歧。

负责养家糊口的一方会倾向于在财务决策中有更大的话语权。当配偶的开销与自己的想法不一致（太多或太少）时，配偶便会感觉受到评判或引发情绪波动。对于夫妻双方来说，在共同财产和独立财产的问题上进行开诚布公的谈话和清晰明确的安排至关重要。（注意：法律上和税收上对夫妻共同财产和个人支配财产有明确的规定，这不在本书讨论范围之内。如有疑问，请咨询会计师或律师。）

阿莉森是一家公司的创始人。该公司在短短 3 年内，就从一个位于小公寓内的初创公司发展成一家有资本支持的企业。就在这段动荡的职业生涯中，阿莉森与布雷特确立了恋爱关系。布雷特在公司起步阶段，即阿莉森艰辛工作时期给予了她情感上的支持。布雷特并不担心他们的关系或他持有的股份会在他们之间产生财务方面的影响，因为他成长于一个“人人为我，我为人人”的家庭，他更看重与阿莉森的长久关系，并认为赚的钱会为他们共同的未来提供一致的愿景。但对于阿莉森来说，她成长于一个把金钱当作操纵工具的环境中，伴随着恐惧和羞愧，她发誓不再让金钱左右她的喜好。共享或让他人“控制”自己的钱这件事让她极度焦虑。因此，无论是在形式上还是意愿上，独立管理各自的资产是让她感到舒服的唯一方式。

两人之间有关金钱的分歧还未显现，直到阿莉森从投资人那里获得了一笔意外收益改变了一切。她售出股份后获得了一笔巨大的资本收益，其中一部分款项已达 100 万美元，更别提其他剩余的财富收益了。她相信财富会抚平她对过去的恐惧，但布雷特和阿莉森却开始因公司收益下隐含的所有权和实际管理权而纠结，并承担着巨大压力。他们会从“我们的”还是“我的”角度看待这些资金呢？

两人之间既需要解决法律层面的问题，也需要解决情感方面的问题。阿莉森真的可以保持资产分割而不造成两人之间的任何摩擦吗？而布雷特又将如何缓解阿莉森的担忧，并且依旧信任他们之间的未来呢？尽管他们都对这段关系非常忠诚，但“我的钱”还是“我们的钱”这个问题还是让他们产生了隔阂。最终这对伴侣同意开始从阿莉森对于安全感的需求着手解决问题，决定拿出一笔初始资金，以阿莉森的名义用于投资“稳定安全的”的资产。如果他们的资产可以通过这些投资增值，达到一定的财富门槛，两人再考虑布雷特的感受。围绕这些决定的戏剧性事件对他们的关系产生了负面的影响，也许两人都需要很长一段时间才能解决因此而产生的担忧与恐惧。

如果不及早、诚实地处理问题，那么如何沟通有关金钱或金钱的实际所有权的问题也许会导致严重的人际关系问题。即使你与对方关系再好，沟通始终是这段关系中的重要环节，而当金钱也成为这段关系中的动态因素时，就会对关系造成破坏。你的金钱过往，特别是你父母对待金钱的方式，会成为你在积累财富过程中的巨大影响因素。不要想当然地认为人际关系与金钱观是一致的。这时候聘请一位理财顾问来帮助你解决问题才是把钱花到刀刃上。

对于拥有一段稳定的关系并即将进入婚姻的财富创造者来说，婚前协议、同居协议都会被用来分割资产、债务以及遗产，能在离婚或分居的情况下界定两人的财富。一位耐克公司的高管告诉我，关于建立法律文件保护个人资产的讨论其实会引起很强烈的情绪反应，因为你必须被迫想象“这段关系破裂了怎么办”。

他把商议婚前协议的经历描述为一种奇怪的经历，因为你们花时间建立了亲密关系，但却各自配备律师，他们协商你们之间的财产所有权问题。“我甚至都不知道该怎么想这个问题，就好像在提前准备一份大方的分手礼物。这会让我产生一些疯狂的想法，比如：‘她下周和网球运动员私奔了怎么办？’”实际上，你只是在生活的某一部分，即你的财务生活周围设置了边界，而当你拥有亲密关系时，你会在余生慢慢打破这些界限。

尽管会造成感情摩擦，但对财富创造者而言，面对“我的钱”和“我们的钱”的问题时，思考“我如何得到保护”十分重要。无论这些协议是否被使用，都会使金钱对人际关系的影响更清晰或更复杂。

金钱与约会

对于单身的财富创造者而言，他们的财富可能会让约会或恋爱决定变得复杂。找到约会对象这件事已然非常困难，但当你的财富水平远高于约会对象时，很多冲突就会随之产生。有些客户分享过他们在约会时的挣扎：许多潜在的恋爱对象被他们高水平的职业生涯吓到了。他们在同意约会之前，就需要了解对方做什么工作、赚多少钱（甚至可以通过网络搜索）。他们不愿意透露自己的真实财力，因为这会造成二人关系的不平衡。他们负担得起豪华餐厅以及昂贵的音乐会门票，但当他们为约会买单时，也会造成摩擦。他们在约会时也许会想："他在廉价超市购物，而我在精品超市买东西。"本质上讲，金钱会造成隔阂，而这种隔阂在开始一段恋爱关系时很难被弥合。

卡蒂是微软早期的一名员工。她觉得找个异性约会是一件很困难的事，因为和遇到的大多数男人相比，她在经济上更有保障。对多数男人来说，这都让人望而却步，而且觉得有失男性体面，因为男性在社会关系中通常被认为是养家糊口的角色。卡蒂担心一段恋爱关系中大家关注的重点是金钱而非真爱，因此她在钱的问题上保持了沉默。

一位来自《财富》杂志 100 强企业的高管曾告诉我，她觉得自己不适合约会，因为她拥有优越的经济条件，以及因此产生的与约会对象之间的不平衡问题。

另一位客户建议，在你明确这段关系的未来、弄清自己的感受和意图之前，一定要谨慎行事。等这段关系发展到一定程度后，进行一场开诚布公的谈话对建立信任关系至关重要。她还建议："不要试图控制所有的财务细节和消费决策，否则对方无法完全坦诚。这的确难以平衡，我们需要耐心和时间。"

对领英的高管威廉而言，他目前的角色已经改变了他约会的方式。他表示："我非常谨慎，而且对他人的看法以及约会时对方如何看待我非常敏感。我之所以没有选择网恋这种方式，是因为我认为网恋具有随机性，让人感到犹豫。”他担心经济状况的差异会成为一段关系中不稳定和分心的因素，这不是他想要的。

威廉认为，处于他这样地位的男人，约会成功的概率要比身居要职、经济成功的女性容易得多。他说：“恋爱初期，双方通常不会讨论金钱问题。我的许多约会对象往往是从事科技行业的女性或是了解这个领域的人，她们不会被金钱吓到。人们知道我在领英工作，自然而然地就会认为我很富有。”但他还表示，他仍然担心有的人只是因为钱才同他约会的。

威廉建议其他与自己处境相似的人，一定要缓慢地进入恋爱关系中。你可以让朋友帮你牵线搭桥，因为他们了解你的经济状况和其他背景。这种方式可以减轻很多有关金钱和约会的担忧。即便最终你还是需要坦诚地与对方谈论金钱问题，但也请提前了解对方以什么谋生，知晓他们的整体情况，例如职业、背景、恋爱史等。

就像人生许多的重要阶段一样，约会时听从直觉也很重要。如果分享真实经济情况令你觉得非常不适，那就不要这样做。首先，你可能需要一些时间来检查和了解自己与金钱的关系。（读完本书是良好的第一步！）最终，你需要变得脆弱才能与别人建立亲密关系。有时人们会觉得金钱是建立亲密关系的一大障碍，但请试着在这个过程中保持耐心、定期评估自己的舒适程度，在完全公开真实经济状况之前，你可以透露一些低风险的财务信息来进行试探。

金钱与友谊

让感情完全脱离金钱的影响极具挑战性，尤其你在短时间内从一种舒适的职业生活方式转变成独立富有的人时。在这种情况下，人们对于生活的预期会发生改变，有时你很难了解自己与家人和朋友在一起时需要持有怎样的立场。真正的友谊需要真诚的品质，而金钱有时会成为一种人为的友谊绊脚石。避免与家人和朋友谈及关于“金钱”的话题，对我们来说可能更为容易。事实上，富国银行的一项调查显示，44% 的美国人认为，谈论个人财务可能是大家认为最难进行的话题（该话题甚至击败了“死亡”，后者以 38% 的比例位居第二）。[37]

如果你与朋友的友谊是在年轻时建立的，那么刚开始步入社会时，你会觉得大家都在同一个水平线上——每个人都在努力工作，努力满足日常生活的经济需求，努力组建家庭等。但当你们中的某一个人或某一对夫妇突然跃升到另一个经济阶层时，彼此之间的友谊就会变质。突然之间，你们就不在同一个圈子交往了。多数时候，尽管你拥有很多钱，但仍可以通过选择继续做真实的自己来克服这些挑战。但某些时候你会发现，无论自己如何努力，朋友和家人都很难自如地接受你如今的财务状况，你们的关系会因此变得紧张或遭到破坏。

当家人或朋友不再纯粹地与你交往，反而通过金钱的滤镜看待你时，你会感到手足无措。他们也许会认为你理所应当享受财富，也许会觉得你在炫耀，甚至有的人会拿你当提款机。当你意识到如果亲朋好友中有的人这样看待你时，就会感到非常不舒服，而且当你在这个人的身边时，就会开始隐藏自己的感受。最终，你会意识到这段关系中你无法做真实的自己，便会开始远离他们。但如果在没有解决问题或阐明自己的观点时就这样做，就会被误解和嫉妒。（还记得吗？我们宁愿谈论“死亡”这种令人不适的话题，也不愿谈论金钱！）这会让你陷入一个非常孤独和困难的境地，你能做的反抗只有保持沉默。

安迪和艾丽丝这对夫妇在理财方面一直都倾向于谨慎的储蓄方式，但当他们出售了所持有的一家上市医疗公司的股票期权时，他们的财务状况发生了重大变化。有段时期，他们的朋友并不知道这对夫妇突然变得非常富有，因为他们的日常消费并未发生太大的改变。他们依旧住在原来的房子里，开同样的车，穿同样的衣服，子女依旧读同样的学校。但当这对夫妇决定购入一座漂亮的度假屋，并邀请朋友们做客时，他们开始注意到，有些朋友感到不舒服了。一些人一开始为他们感到兴奋，但当安迪和艾丽丝听到很多“一定很棒”的评价后，便开始感到不舒服。他们意识到现有的财富水平的确影响了某些友谊后，感觉非常难过。与朋友们分享喜悦的本能迅速变得复杂起来。

保持同理心

你与亲人朋友之间巨大的经济差异可能会让那些不那么富裕的人感到害怕，弄清楚原因非常重要。首先，物质上没你成功的朋友也许会感到不安和尴尬。例如，也许你的朋友只有一个简陋的小家，他们想回报你的慷慨或者想要招待你时，相比于你的房子、资源以及生活方式，他们会觉得自己提供的东西“不够好”。人们普遍认为，有钱人只想和有钱人交流。也许在某些情况下，这种刻板印象确实被印证了，抑或是某些环境造就了这种无意识的氛围。社会往往会提升富人的地位，让他们看起来变得更重要，或需要做出更多贡献，这会让其他人感到被忽视或不被需要。人们往往在这种“差异”中产生嫉妒的情绪，但在更多情况下，“如果能拥有这个东西一定很棒”的感叹只是人们出于对财富体验的好奇。当你爱的人因为金钱而表现出不同时，你可能仍旧会感到受伤，但这也帮助你了解他们的不同从何而来。

在有关金钱的问题上，为了保持健康的友谊和家庭关系，请对那些不太富裕的人抱有同理心，并记住你处于那个位置时的感受。无论他们的经济状况如何，请对他们的生活展现出真正的兴趣，并且在他们感觉仿佛需要接待绿色怪物一般的访客时，让他们放松一些。此外，不要因为你自己已经无须担忧金钱问题而变得漫不经心，也不要在金钱问题上做出漠然的评论，不然这有损于你们的关系。比如，回顾一下自己是否说了类似于“做 X 或 Y 只需要花 50 美元”的话。这对你来说可能不是什么大不了的事，但对你的家人或朋友来说也许不是这样的。

物以类聚

只同经济状况相似的人交往需要面临的一个风险是，你会渐渐失去对他人真实经济状况的认知。当你说了一些让经济上不富裕的朋友感到“不如”你的话时，甚至你用一种天真的口吻讲这些时，会让人们渐渐远离你。

富一代与富二代或富三代最大的区别就是，你和那些能与你的环境相关联的人建立了联系。财富就像一股引力，将你拉进与你财力相当的人的轨道中去。尽管你有意识地不去改变旧的交友圈，但新的朋友往往比你更富有或与你的经济地位相似，因为他们的物质、场所和经历都在吸引着有钱的人。

对于经济状况相似的人来说，这也是一种自我选择的过程。哈里是一家快速发展的生物技术公司的高管，最近他和家人一起参加了圣丹斯电影节，这次的经历证实了这一说法。他的大多数朋友都负担不起这样的活动，最后哈里与在电影节上认识并经常参加此类活动的人建立了亲密的友谊。筛选过程便如此微妙地发生了：你会聚集到那些与你的境况相关并且可以负担得起你想做的事情的人中去。

生活因金钱而改变

显然，有些人会考虑更谨慎地对待财富，试图去融入大家而非凸显自己。我发现自己在西雅图的情况便是这样。在那里，人们通常对自己的财富状况轻描淡写。有位客户还兴奋地对我说，他仍然开着那辆已经开了 15 年的本田汽车去上班，并且依然同所有的老友保持联络。我想，这是他变富有之后依然保持自我的证明。但现实中更为普遍的情况是，人们变富有之后会抱怨交友困难。隐瞒自己的财富状况会使你的生活尽可能免受侵害，但也会限制你人际关系的深度。

有一对夫妇，不期然地得到了来自家族企业的一笔巨额分红。他们告诉我，他们在自己的朋友圈中无法找到可以与之分享财富苦恼的人。他们表示："我们并没有特意寻找和我们面临同样问题的夫妇，因为我们觉得自己可能是唯一因此感到困扰的人，而且问题也许出在我们自己身上。"

富有和贫穷同样都会给人带来不适与难堪。你可能会觉得自己是唯一遇到财富问题的人，并且担心自己会因为"抱怨"生活因金钱发生改变而不知如何解脱。

里克是一名软件开发工程师，也是一家游戏公司的财富受益人。由于他极其害怕因金钱带来的人际关系的某些后果，因此并未同任何亲朋好友分享自己在经济上的成功。然而，隐瞒自己生活中如此重要的一部分并且不被发现，对于他来说压力很大。但里克并不想被朋友当作"冤大头"，也不想去怀疑他们是不是因为钱才喜欢他的。

关于买单

有时候，作为朋友圈或家人中唯一有经济来源的人，你常常会感到孤独，因为你是唯一能够负担得起特别的旅行或体验的人。最后你可能会花钱邀请别人加入你。但如果没有事先达成共识，当你与亲朋好友外出时，支付账单会让你们之间的关系更为尴尬。

我们都会有一种发自内心的渴望，那就是用自己的财力为每个人都提供精美的食物与奢侈的体验，因为给予会让人感觉良好，尤其是给那些你最关心的人。慷慨是一种美好的品质，然而，让别人做出贡献也十分重要。你可以考虑改变自己给予的方式，比如，如果你的家人朋友愿意选择支付一部分经费，而非选择远超他们经济能力的餐厅或旅行体验时，那么你可以调整餐厅或其他体验的标准，让朋友和家人也参与其中。

这并不是说你不该花钱享受一些有趣的体验，或者不该邀请朋友同行。因为花钱照顾他人会让人感觉愉悦。例如，你可以带几个女性朋友一起去做水疗，或出钱请大家去度假，这些都会受到家人和朋友的喜欢。但有时这些行为会引起那些不太有钱的朋友的不适。因此，要有意识地与大家谈论一下在旅途中你愿意贡献什么，或讨论其他人在行程中如何也做出贡献。一开始与朋友或大家庭里的成员讨论金钱问题确实会让人感到尴尬，但建立开放的沟通方式，表达你想要分享财富的真实意愿，可以为今后更健康的人际关系奠定基础。

我曾与一对夫妇合作过，他们解决付账问题的方法是独立看待每一段友谊。他们让自己对经济状况的差异保持高度敏感，并且把维持与不同阶层人群的友谊排在首位。与那些经济状况不如他们的朋友在一起时，他们会选择点快餐，然后一起打包回家，打一整夜游戏，而不是去一家昂贵的餐厅就餐，然后去百老汇看演出。通过将活动控制在适当价格预期之内的方式，他们继续享受着宝贵的友谊。

对亲朋好友的经济支持

与以上内容相反的情况是，家人和朋友希望你是那个每次都买单的人，因为你是你们当中最有钱的那个人。有时财富创造者会假定别人想要自己买单，这种感觉很不好受。富人们常常担心有些人愿意花时间和自己在一起的原因是想从这段关系中获利、希望与自己达成合作或期待一份投资，而一些家人或朋友则可能直接地想让你与他们分享你的财富。

不幸的是，金钱的确可以激发人性最坏的一面。如果这种情况经常发生，会让人极度沮丧、丧失耐心。因此，我想再次强调，进行有关财务预期的讨论可能是让每个人都达成一致的方法，可以让大家了解你打算付什么钱、不打算付什么钱。可悲的是，出于对金钱的期待与嫉妒，一些友谊难以为继。有些客户就曾分享过因为钱的问题而失去朋友的事。

当然，将大量财富交给没有理财经验的家人和朋友也同样令人担心，因为他们有可能把钱挥霍掉。我们应该都听说过这类不好的事情，比如有的人拿到钱后去买毒品，或者亲戚朋友还清了信用卡账单后，又欠下了债务，几年后还想跟你要更多钱。这些事情会让你觉得自己被利用了，而且如果这种行为持续发生，一定会让你打消未来提供经济援助的念头。而如果你不提供经济上的帮助，你与家人和朋友之间的关系也会变得紧张。

金钱对人们来说是如此感性的话题，而与亲朋好友之间的经济往来会给你带来长久的影响。如果你给予了那些伸手要钱的人经济援助，可能会产生不良结果，但如果你拒绝，就可能遭遇多年的怨恨。因此，如果你决定借钱给家人或朋友，就要考虑如果他们拒不还钱，你是否仍然珍视这段关系，或干脆不借这笔钱。事实上，你认为的借钱可能会被对方当作赠予。

我认为关键在于，你需要在自己价值观的基础上做出是否用自己的财富帮助家人和朋友的决定。比如，如果你十分重视教育，那么可以考虑拿出你认为合理的资金，帮助兄弟姐妹支付下一代的教育费用。如果你看重与他人的友谊和共同经历，那么就邀请朋友加入你的冒险旅行中，由你来支付全部费用。又或者你可以替家庭成员开设退休账户，并打钱进去保障他们的养老问题。这样，你就通过为所爱的人提供一个舒适未来的方式，表达了自己既重视安全稳定又重视自由的价值理念。

我的客户凯茜在生活中非常看重卫生与健康。从做水疗到健身，从吃有机食物到重视营养均衡，她在自己的健康问题上花了大量金钱。她父母的身体曾出现问题，但他们没有足够的经济能力像女儿一样负担这类健康开支。凯茜便给予他们各种健康产品，负担了父亲的医疗费用，花大价钱请了自然疗法的医生，为父母按摩，购买营养品和健康食品。正是她深深信奉的价值观念引导了她的慷慨行为，让她得到了更多回报。当你为家人和朋友花钱的行为符合自己内心的价值观时，你会更容易对自己慷慨解囊的结果感到满意。

我的妻子与我较为重视勇气、冒险以及帮助不幸的人。因此，当我们的女儿高中毕业后向我们提出了一个意想不到的要求时，我们便有了一次把钱花在践行价值观上的机会。她想推迟大学学业，利用一个“间隔年”（gap year）[①] 的时间参加泰国和柬埔寨一个名为“青年使命团”（Youth with a Mission）的非营利组织的工作，帮助那些陷入性交易的年轻女性。尽管这并不在我们对女儿经济支持的原本规划中，但我们很快意识到，她正拥抱她人生中重要的一部分，并且这与我们看重的价值观是一致的。现在看来，这个财务决定改变了她的人生轨迹，因为她最后决定从事社会福利工作。

总而言之，我建议财富创造者充分享受自由，不去担忧金钱，也尽量不让金钱改变你的本真、你在乎的人和事或者你向爱的人表达爱的方式。也许你会失去一些不太重要的关系，但保持真实的自己、了解潜在的痛点，将有助于你保持健康的人际关系。

---

① “间隔年”，指西方国家的青年在高中毕业后或上大学前所休的一年假期，通常用于实习或旅游。—— 译者注

请思考你的人际关系状况并回答以下问题：

- 金钱对你的人际关系产生了积极影响还是消极影响？
- 你将如何评估你与伴侣或合作伙伴就金钱问题而进行交流的水平（1 分 = 很差，10 分 = 优秀）？
- 你对金钱、家庭和友谊最大的期待是什么？
- 你希望你的亲朋好友了解你还未公开的金钱或财务状况的哪些方面？

第六章

金钱与子女

财富创造者有能力在教育、履历甚至奢侈品方面为子女创造巨大的优势，但同时财富也会给孩子带来一些特殊的问题。如何培养具有经济能力且情绪健康的孩子，便是财富创造者的一大担忧所在。本章我们将对如何积极传授财务知识、设定财务预期和结果，以及“慷慨”的品质对建立同理心的作用进行讨论。最重要的一点是，财富创造者可以通过将财富与成功分离，帮助孩子建立与金钱更加健康的关系。我们将探索可供父母使用的工具和技术，帮助子女规避一些随着日益增加的财富而普遍带来的消极影响，例如终生经济依赖、不健康的金钱观念、财务管理不善导致失去来之不易的家族财富、对金钱的冲突与不满，以及缺乏过上充实而有意义的生活的动力。

2012 年，波士顿学院财富与慈善中心高级顾问、发展心理学家罗伯特·肯尼牵头进行了一项调查研究，深入探究了高净值人士的想法、态度和愿望。调查结果显示，富有的父母担心金钱会对他们的孩子产生影响，包括“他们的孩子通常被别人认为是富家子弟或被信托基金保护的孩子，并留下此类刻板印象，他们想知道自己的孩子能否辨别他人是真的爱他还是爱他的钱，以及孩子们是否知道他们达成的成就是来自个人技能、知识与才华还是来自足够的金钱……他们担心如果自己的孩子拥有足够的金钱且不必为还贷款而担忧，那么什么才能激励孩子成长？孩子将如何过上有意义的生活？这就是金钱可能会成为阻碍，让事情变得混乱而非更好的方面”[38]。

我发现自己服务的财富创造者非常关心子女和金钱方面的问题。从我近期与客户的一系列访谈来看，一半以上的受访者首要关注的是如何向孩子传授强大的金钱价值观。一位受访者表示：“我非常担心自己的孩子在金融泡沫中成长。”另一位补充道：“我对孩子的抚养问题非常敏感。”

富养的孩子拥有巨大的优势，但往往缺乏许多并不富裕的同龄人在早年获得的基本生活技能。资源匮乏的孩子在很小的时候就不得不为自己做很多事情，例如做出艰难的选择、更努力地工作以及处理实际的后果。尽管财富创造者可以为他们的孩子提供奢侈且没有痛苦的童年，但不幸的是，这也有不利的一面。

丹·贝克在他所著的《快乐的人知道什么》（*What Happy People Know*）一书中总结了富裕家庭的父母及子女所必须面对的一个问题：“正如肌肉在锻炼中变得结实，人类的思想、身体和精神也在斗争和挑战中茁壮成长。不劳而获会造成放荡、疏远、无聊、软弱与无价值感的心态。”[39] 身份认同、缺乏动力、尴尬与孤独等问题是富裕生活中常见的副产品，不仅影响着成年人，而且影响子女。子女尤甚，因为他们更容易毫不费力地就获得满足感，疼爱他们的父母会满足他们的一切需求。

而好消息是，你可以通过很多事情减轻富有带来的负面影响，帮助子女建立与金钱的健康关系。

同孩子谈论金钱问题

“嘿，老爸，你的公司值多少钱？”

我努力假装女儿问了一个无关紧要的问题，但此时我能感觉到体内的紧张感不断攀升。我一边缓慢地清理桌上的盘子，一边思考如何绕过这个潜在的雷区。“嗯，我和你妈妈很幸运创办了一家公司，能为我们提供一套漂亮的房子，让我们住在一个漂亮的社区里，一家人可以做一些美妙且有价值的事情。这确实很棒。”

“它值 100 多万美元吗？”她在等待我的反应，“200 万美元？”

“也许，也许更多。数量并不那么重要，对吧？”

“所以，你的公司价值超过200万美元？哇！”

“等等，我可没那么说！”

作为父母，我们常常不知道该如何与子女谈论有关金钱的话题。就连我也觉得这很困难——过去的25年里，我一直在为这个国家最成功的一批财富创造者提供财富指导，守护他们的愿望。无论他们是慢慢积累财富还是突然暴富的，他们与我分享的最大忧愁便是在完成财富积累之后，这些钱将对他们的子女产生何种影响。他们经常挂在嘴边的一个问题是：“如何才能让子女保持生活的动力，以防他们变成物质至上或自以为是的人？”

帮助子女与金钱建立健康的关系的第一步就是沟通。你与金钱的关系自然而然会对子女产生后续的影响——他们从你这里了解金钱的意义、目的和能量。持续与之进行有关收入、支出、储蓄、投资和慈善的开放式谈话，这可以让孩子们长大后拥有高情商。

在怎样的时机以及多大程度上与子女分享财务状况也许对很多人来说是一个艰难的决定。我的建议是：不要隐瞒财富状况。许多有钱的父母都推迟谈论金钱问题。美国信托基金会（U.S. Trust）2012年的一项研究发现，“在婴儿潮一代生孩子的高净值父母中，半数以上没有完全向子女透露自己的财富状况，另外13%的父母则完全保持沉默”[40]。但缺乏透明度会导致子女无法为将来拥有财富做好准备。

在孩子的成长时期，父母就应该以一种同孩子的年龄相适应的方式与之讨论有关金钱的家族价值观和信仰。节俭、预算、储蓄、慷慨、债务利用和创业精神都是金钱价值观念的内容，父母可以根据不同年龄选择合适的方式与孩子进行讨论并在孩子面前树立榜样。

我的一位客户根据自己的价值观制作了一份家庭使命宣言，这成了他与子女交谈的重点。慈善事业是这个家庭关注的重点，所以我帮助这个家庭制作了一个饼状图，展现他们的捐赠在其所关注的领域，如教育、教堂、环境和社会问题等慈善事业中的分布。而客户用这种可视化的表达帮助孩子理解如何将价值观和语言转化为有意义的行动。

作为父母，尽管无法保证子女会跟随你的选择，但是树立榜样并谨慎地做好财务选择，是教会子女节俭和把控预算的第一步。一些家长发现，他们的孩子天生就对金钱很谨慎，而另一些家长却发现，他们的孩子花钱不加思考。一位客户最近与我分享了他为两个孩子制定的家庭策略，这两个孩子对零花钱的反应截然不同。女儿欣然接受节俭的家庭价值观，对父母提供的零用钱没有任何异议。她把钱花在需要的和想要的东西上，把存钱放在首位。然而，另一位 10 多岁的男孩则把零用钱看作永续的资金流。他总是缺钱并且不断索要更多的钱，他的父母想要教育他量入为出，结果适得其反。

父母反其道而行之，根据儿子高中时期的需求，为他设立了一笔合适的预算，正好足够负担他一年所需的所有开销。于是父母惊讶地看到儿子态度的 180 度大转变，很快，儿子便对自己的开销和花费去处有了清醒的认识。他开始削减开支，积累剩余资金，决定用这些钱买点股票。通过这次经历，他发现了自己对投资抱有真正的热情，也学到了做好预算是人生重要的课程。

财务教育的馈赠

家长与子女慎重讨论财富的价值观和所需承担的责任、树立行为榜样，并最终公开家长的真实财富状况，对帮助子女理解、欣赏和学会管理金钱至关重要。家长有资格并且有义务在子女幼年时教他们学会如何理性理财，而不应在他们即将离开家时才开始这项教育。其实，父母每一次处置钱财或做出资金方面的决定，都是在树立态度、价值观和行为榜样，子女会学得很快。

家长必须仔细教导子女一些基本的生活技能，比如如何清洁浴室、检查汽车机油，学会管理金钱也在此项。通常，子女最熟悉的要钱方法是“需要什么就要什么”。你可能已经猜到了，这种小聪明并不会让子女获得经济独立。事实上你会发现，当人们越来越不缺钱时，灌输金钱的价值观就变得越来越难。

我的客户中有许多都是富一代。他们不是在富裕的环境中长大的，所以他们觉得自己正在“开辟新的领域”，在超前消费文化盛行的环境中，他们仍试图培养子女建立强大的金钱价值观。在建立财务能力方面，富裕家庭面临更为特别的障碍。

我的朋友塞思有两个儿子，分别是 10 岁和 13 岁。在西雅图出现财富泡沫时，他一直被这个问题所困扰。塞思的成长经历与他的孩子截然不同，他的父母都是教师，家里并不富裕，于是他很快就懂得，如果他想要生活基本用品以外的东西，就必须自己挣钱。于是他便付诸行动：十几岁的时候在社区送报纸，修剪草坪，做零工挣钱；高中时每周做 20 个小时的洗碗工；上大学时在学校的庭院工作，并担任银行出纳。

塞思说：“当你有充足的财富时，子女很难理解其实金钱是一种有限的资源，他们也不清楚赚钱所需付出的努力。由于经济条件不受限制，父母很容易让问题迎刃而解，同时也会过于放纵子女。我就犯过这样的错误，我儿子把他的 iPod（苹果播放器）弄坏了，他感到心烦意乱。我把坏掉的 iPod 换成了新的，儿子不再感到不快，而我却失去了一个有利的教学机会。我相信，如果要求他自己挣钱买一个新的，他很快就会学会好好照看自己的东西。同样，我们已经拥有了这么多，留给他们去获取的东西真的不多了。我也担心，虽然生活水平在不断提高，但我离开之后，他们的生活水平可能会大幅下降，导致他们入不敷出。”

塞思开始仔细思考如何向子女讲述金钱的价值。他开始做简单的调整，比如强加自然后果——如果孩子的东西坏了，他不会主动去买新的，而需要子女自己赚钱修理或者买个新的。塞思开始不再为圣诞节或生日买一大堆昂贵的礼物，并故意减少生活中“物品”的数量。如果孩子想要一台 Xbox（微软游戏机），他们可以通过工作为之存钱，通过完成不同的家务来获得标定价格的报酬。

财务教育的目标是培养有经济责任感、有积极金钱观并熟练掌握财务技能的成年人。当孩子到幼儿园或小学一年级的年龄时，就应该开始接受理财培训和教育了。良好的理财教育可以为孩子学习独自管理财富提供良好的基础。以下一些实用的办法可供你参考，可以用来教育你的子女。

零用钱让子女有机会学习做预算和试错

对于年龄较小的孩子来说，每周少量的零用钱可以教会他们如何花钱、如何为想要和所需的东西存钱，以及如何承担责任。与其将孩子想要的东西直接买给他们，不如教会他们如何独自在商店花钱、购买预算范围内的东西、了解销售税的含义、处理现金交易、计算美元和美分。

当子女到了十几岁时，可以给他们一些零花钱，让他们独自管理自己的开销。零花钱的数额应该既能满足他们的需求，又能使他们妥协。比如，可以每月给子女 500 美元用于支付学校的午餐、娱乐、个人爱好、星巴克、手机、衣服、交通、储蓄和慈善事业。如果子女开始自己做午餐，就应该减少他们零花钱的计划金额。如果他们可以因此而戒掉星巴克，为目标去省钱，那么恭喜你——他们已经学会做预算了！

让子女了解家里的开销

你可以考虑与子女分享你的家庭预算（或部分预算）。对于年龄较小的孩子来说，家长可以通过玩大富翁游戏来帮助孩子，给孩子一张纸币作为“薪水”和一份开支清单。让孩子去“支付账单”，寻找钱的具体花费去处。更重要的是，让孩子了解他们的支出份额是多少。

家长可以与孩子讨论财务决策，解释你在金钱花费上做出了怎样的权衡。由此，你可以很好地帮助孩子区分为需要的东西花钱和为想要的东西花钱的不同之处。向孩子展示你是如何决定花一大笔钱的，如何以最优的价格购买最好的产品，以及如何决定你所能负担的商品。在此，家长一定要提供决策的例子，包括推迟或拒绝购买的例子。

用借记卡建立支票 / 储蓄账户，传授“动手”的经验

对孩子来说，建立储蓄账户是一个良好的开端，定期检查他们不断增长的余额可以激励他们每周把部分零花钱存起来，以实现长期的财务目标。对青少年来说，拥有自己的支票账户会让他们觉得做预算的过程更真实，并让他们对个人（或银行）负责，而不是对父母负责。没有什么比资金不足更能引起他们的重视了！家长了解了这一点后，可以考虑帮助年长一点的孩子注册信用卡，建立一份信用记录。但要记住，如果搞砸了，可能会对你和子女的信用评分产生影响，所以家长要先做一些辅导，并建立一个问责机制。

后果和协议

子女不可避免地会犯财务错误：买了不合适的东西，花了超出能力范围的钱，或者丢失了一笔钱。对于低风险的错误（11 岁的孩子把所有零花钱花在了玩具上，以至于没有足够的钱和朋友去看电影），让他们感受到因为错误决定带来的后果产生的痛苦情绪。对他们来说，现在感到痛苦并认识到理财的重要性是一件好事。

对于年长的子女来说，这种风险可能会高很多，家长必须在是帮助他们摆脱困境，还是让他们自己承担后果之间进行抉

择。在涉及钱的问题上，与孩子建立明确的协议很重要——否则，出错时他们会责备你。家长不应该让十几岁的孩子承担一些高风险的责任，比如让孩子自己支付汽车保险。这看似是一个好主意，但是却忘记付款的风险太高了。

教孩子投资

这是一个让孩子从长远的角度考虑金钱问题的好机会。对于年龄较小的孩子，你可以给他们几百美元，和他们一起选择一两只股票做投资。教他们如何跟踪股市投资的每日涨跌，由此开始理解投资运作。

一些父母会给孩子一笔“初始投资”，用于实现长期目标，比如房子的首付款。如果孩子知道这笔钱将来的用途，投资就会更有意义和目标性。

培养管理者的心态

金钱是工具，不是玩具。教导孩子成为家庭财富的管家，可以帮助他们看到超越物质以外的东西，了解金钱对改变世界的影响。通过服务或志愿行为，身体力行，践行慷慨之举，你会收获双倍的益处：让世界变得更美好，享受给予带来的愉悦之感。

让子女参与慈善和志愿者活动，会使他们对自己的财富有正确的认识，也会使他们的付出和收获得到积极的强化。做一位优秀的财富管理者还需要具备财务管理技能，比如预算技能，学会做预算能让孩子认识到时间和金钱都不是无限的资源。

帮助孩子理解工作的重要性

西格蒙德·弗洛伊德曾说过："爱和工作是人性的基石。"本质上，工作让我们觉得自己对于世界是有用的。家长可以在孩子小的时候，就让他们体验努力工作带来的满足感。通过让子女参与适合他们年龄的"工作"来教导他们，可以让小孩子做家务，让大孩子做有报酬的工作。

家长可以考虑制定一份家务清单，让你的朋友或亲戚知道你的子女可以做这些工作。这对于他们最终找到一份真正的兼职工作来说是有益的。请记住，他们可能只有在想买东西时才会想工作，所以你要尽可能让他们保持对事物的渴求。

家长们经常说，不希望他们的子女去做兼职，因为学校、体育运动和课外活动已经给孩子很多压力了，相比那些不工作的孩子，他们担心让孩子去工作会让他们无法专注于学业。然而，工作提供了一种能力和满足感，这是运动和学校所不能提供的。对于那些没有时间或不想在上学期间打工的青少年来说，暑期打工可能是最好的权宜之计。

沃伦·巴菲特成为“奥马哈先知”之前送过报纸，奥普拉·温弗瑞曾在杂货店打工，科林·鲍威尔曾在一家家具店打工，作家斯蒂芬·金曾是一个看门人，乔治·克鲁尼曾卖过鞋。卑微的暑期打工是许多成功人士经历的一部分：证明他们一开始并没有什么特别的优势，但他们知道努力工作的价值，他们是因为努力和独创性才成功的，而不是因为家庭财富或特殊的恩惠。

这些都是我们普遍重视的教训。如果钱真的不是问题，那么工作是否比参加体育运动或者学习一种乐器更有意义？拥有一份工作真的比家庭度假建立感情更重要吗？子女究竟应该花时间在校挣低工资，还是应该为学习和读大学做准备？当涉及青少年与工作时，这些问题都是家长和孩子应该仔细考虑的。

财富创造者拥有努力工作的激情，并尊重工作带来的回报。他们想把同样的价值观传授给他们的子女，为他们实现梦想创造途径。他们希望为子女提供学习的机会，而不是给子女的发展制造障碍。根据我的经验，有时父母想要保护和支持子女的意愿与希望子女为在现实世界打拼做好准备的意愿是相矛盾的。工作是否琐碎、工资高低并不重要——暑期打工能给青少年提供远远超出工作本身的人生经历。对孩子来说，这是一个学习写简历、面试、开设储蓄账户和纳税的好机会。

帮助孩子理解工作的重要性，引导他们走上一条有意义、有用的职业之路，对家长和孩子的长久幸福都至关重要。尤其是当父母早早退休，没能树立一个“正常”的工作生活榜样时，孩子可能会对个人的职业轨迹感到困惑。孩子需要知道，他们是被期望去工作的，既要挣钱养活自己，又要施展天赋和才能，从工作中找到目标和乐趣。

要让子女看到工作中的父母（无论是有报酬的工作还是志愿者工作），因为做父母的都知道，行动胜于语言。追求与你人生的核心价值观、才能和兴趣相符的有意义的职业，能让你为世界做出独特的贡献。请与子女分享你的故事和见解，谈谈你现在的工作和过去的职业，你喜欢的和不喜欢的工作，以及你从这些经历中学到了什么。

试着与子女做“展望练习”。想象他们成年生活的样子，可以为他们的诸如大学选择、课程选择等重要决定提供动力和指导。帮助他们探索不同的职业和薪酬，将职业选择和生活方式联系起来。让他们谈谈何种物质财富对他们来说是重要的，想在哪里生活以及怎样生活，希望为世界带来怎样的影响。借此绝佳机会提醒他们要开始存钱了，从年轻的时候开始存钱比长大后再存钱有更重要的影响。

请询问子女一些关于他们想要实现的未来的问题：

- 你梦想做什么工作或成为怎样的人?
- 你如何定义生活、工作、金钱上的成功?
- 在生活、工作、金钱方面，你害怕或担心什么?
- 什么学科、活动、爱好让你感觉最有活力?什么让你觉得最愉悦?又是什么让你觉得最快乐?

当你帮助子女展望未来的职业和生活方式时，很容易把成功和金钱混为一谈。但其实你可以帮助他们定义自己的成功，向子女解释成功对不同的人有不同的含义，成功的文化规范可能会导致他们走上一条危险而没有成就感的道路，所以请帮助子女了解家庭价值观和你对成功的定义。(请参考第一章，重新定义你自己关于成功的想法，或第七章，定义你的核心价值观。)

定期与孩子进行这类对话可以帮助他们做出决定，引导他们朝着满意的教育和职业目标前进。

财务支持和预期设定

要想让子女在经济上独立，就需要清晰地、有意识地与他们沟通你能在经济上给他们的成功提供怎样的帮助，而不是让他们独自承担后果。以我做父母的经验而谈，我知道看着孩子挣扎甚至失败却不插手帮助是非常困难的。家长要建立清晰的财务界限和安全网，不要让情绪冲昏头脑。不受限制的财务安全网会扼杀孩子建立性格和自信心的能力，同时也不利于他们从克服困难中学习重要的人生课程。家长的情感支持可以是无限的，但经济支持不应该是无限的。

对那些拥有巨额财富的父母来说，让子女顺利成长是他们最担心的事情之一：他们担心自己的成功会对子女的雄心产生负面影响，而且这种担心是正确的。根据财富咨询公司威廉斯集团（Williams Group）的调查，70% 的富裕家庭到第二代时会失去财富，90% 的富裕家庭到第三代时会失去财富。[41] 事实上，子女并没有因为得到了他们想要的一切而获利。因为如果他们觉得工作毫无必要，就不会去工作。

沃伦·巴菲特在接受《财富》杂志采访时说，他计划给孩子"留足够的钱，让他们知道自己可以做很多事，但不会留太多钱而使他们无所事事"[42]。当被问及巨额财富中会留多少给子女时，比尔·盖茨曾表示会满足子女受教育的支出，除此之外不会让子女得到太多，他希望子女找到热爱的事业并努力工作。

随着子女长大，你需要清楚地告诉他们，长大后你会为他们提供多少经济支持。具体来说，比如你愿意支付一辆二手车（不是一辆新车）的费用或大学学费（不包括研究生学费），或许打算付他们第一套房子的首付。你会提供多长时间的经济支持？直到25岁，还是35岁？子女是否必须达到你的某些预期才能获得支持（比如保持一定的平均学分绩点才能得到买车的费用）？如果你提供巨额资助，那么这也许会让子女觉得太随意。

首先，你要对子女未来的生活方式有一个清晰的愿景。很多父母很少考虑这个问题，这让我感到惊讶。子女目前享受的生活方式是建立在你的财务成功基础上的，但当他们离开家后，便可能无法保持这种生活方式。他们需要为可能发生的巨大变化做好准备，因为他们要独自出发。作家西里尔·诺思科特·帕金森写道："一旦享受过奢侈品，它就会变成必需品。"[43]一旦习惯了某种生活方式，你就很难回头了。你的生活方式越脚踏实地，你的孩子在离开家时所要做的跨越就越少。

即使所有兄弟姐妹在同一个家庭长大，但在相同的教育方式下，他们却怀有独特的兴趣爱好、激情与生活故事。我的三个孩子都截然不同，在我抚养他们的过程中，每个人都需要不同的支持。所有的父母面临的问题都是如何利用他们的资源支持孩子成长，但如果你有不止一个孩子，这些决定就会变得更加复杂。

你是否会采取一种"公平公正"的策略，让每个孩子在夏令营、运动、爱好和教育上得到经济上的同等对待？你是否有选择地提供适合当前经济情况的支持？如果其中一个孩子在学业或运动方面很有天赋，而且有奖学金，你不需要支付他上大学的费用，他是否会得到与兄弟姐妹一样的大学资助以满足其他需求，比如购置第一套房子、第一辆车等？如果其中一个孩子选择了一份能够提供充足经济来源的工作，而另一个孩子选择了当教师或其他社会工作者，你会介入并帮助那个收入少一点的孩子吗？当一个孩子在经济上非常自给自足，而其他孩子总是需要帮助的时候，你如何在子女之间保持"公平公正"？

企业家彼得和萨莉以及他们的子女正面临着这些决定。其中两个孩子事业有成，财务状况良好。他们的小女儿最近离婚了，还在攻读学位，并抚养着一个残疾的孩子。彼得和萨莉已经决定提供公平的支持，但考虑到每个孩子的不同情况，应该采取以需求为导向且短期的解决办法。他们为小女儿提供了一套房子以及其他的经济支持，帮助她照顾孩子。他们计划将同样数额的股权赠予另一个在家族企业工作的女儿，并表示如果儿子有需要，也可以为他提供同等支持。

他们为此做出很多努力，但依然担心这种慷慨会伤害子女的感情。彼得和萨莉用长远的眼光看待这个问题：他们认为这些资金是留给女儿的遗产的预付款，他们会在遗产规划上做出必要的调整，确保其他子女都得到公平的对待。

财富创造者常常会说，他们的一个孩子已经"懂了"，意思是孩子学会了做预算、投资，并知道如何理性使用金钱。他们常常担心另一个孩子对金钱漠不关心，或者沉迷于不计后果的挥霍和对美好事物的享受。对于父母来说，应对这种情况要面临重重压力，他们往往觉得为有责任感的孩子提供经济支持是更好的选择。

如果你倾向于把较少的资源托付给一个在经济上不太成熟的孩子，最好谨慎行事，慢慢来，因为你的决定会对不同的孩子产生不同的影响。兄弟姐妹之间所得到的不平等的经济支持，通常会在未来产生更大的问题。接受自然的结果和坦诚地教授财务准则（如前文所述），可能是缓解这些挑战最好的办法。

遗产：谁会得到我的钱？

没人愿意去思考这个问题："我去世后，我的子女会怎么样？"对于财富创造者来说，仔细考虑去世后子女会如何反而尤为重要。如果你有子女但还没有立遗嘱，那么开始做遗产规划很重要。信托工具非常有用，我们将在下一节进行讨论。

或许你还没有开始考虑谁将继承你不断增长的财产。这个非常重要的战术决定会催生一次具有挑战性的谈话：你打算留给你的家人（包括子女）多少钱？探讨这个问题似乎不太真实，而且想想也不是很有趣，因为你还充满活力、健康且年轻，但为这些决定下注会帮助你为家庭的未来增添一份安全感。

当你要给自己的子孙后代留下遗产时，沟通是关键。威廉斯集团的研究人员对 2 000 多个富裕家庭进行了 20 多年的调查。研究发现，当家族财富受到损害时，“60% 的情况下，家庭成员之间信任和沟通的破裂是最大原因”。同一份研究报告指出，“另外 25% 的情况中，突然出现的财富让家族继承人没有做好继承的准备……许多继承人被故意蒙在鼓里，不知道家庭真实的财务状况，直到有一天父母扔下一枚信托基金炸弹，把一堆法律文件推到他们面前签字”[44]。让没有做好准备的子女获得意外之财，无异于走向衰败。

考虑到财富对发展的多方面影响，以及有例子显示很多继承巨额遗产的年轻人的生活被金钱严重破坏，你可能会对你去世后子女得到所有的财产这一现实感到有点恐慌。请记住，你可以选择把财产留给其他家庭成员、朋友或慈善机构，或通过纳税给政府，所以你还有其他选择。最终的决定是因人而异的，解决办法也各不相同，有的人把尽可能多的财富留给子女，有的人设定一个固定数额（比如 200 万 ~500 万美元），将剩下的财富捐赠给其他受益人和慈善机构。

有几件事会对遗产继承这一决定产生重大影响：你的净资产规模与构成，以及你子女当前的年龄。如果子女还很小，或者是十几岁、二十几岁的年轻人，你可能会很纠结该留给他们多少资产，因为你还没有以完整的视角看到他们如何进入成年世界。

在这种情况下，父母通常会建立信任分配机制，达到一定年龄后就会触发。例如，如果总继承额是300万美元，那么子女在35岁时可以继承100万美元，45岁时可以继承100万美元，55岁时又会继承100万美元。（你们中有些人可能是父母制订的遗产计划的受益人，也采用类似以年龄触发的分配方式。）在其他情况中，父母可以建立信托来分配固定收入以用于特定目的，如创业费用、住房首付、教育成本，甚至造福后代。根据财富创造者的不同目标，可供选择的策略也多种多样，在这个阶段，听从专业律师的建议是很重要的。

在遗产规划方面，所有人的出发点都是保持子女的遗产平等，减少未来潜在的摩擦。未来子孙数量的增加将使财产分配变得更加复杂，我们稍后将对此进行讨论。在其他更复杂的涉及房地产的资产场景中，家庭通常会对流动资产进行划分，为每一位子女设定一个上限，而像家庭住宅、度假房产这种有情感价值的资产，则会连同物业税和维修的营运准备金留给所有的子女共同拥有和享受。

面对不同情形，我们需要调整这种公平的分配基础，面对子孙的教育、特殊需求、财务困难和拥有家族企业的家庭，财富需要被定制化和调整。如果你选择将遗产留给子孙让他们支付大学或私立学校的学费，那么子女多的孩子会比子女少的或没有子女的孩子获得更多的钱。

我经常看到另一种情况，对于在生活中苦苦挣扎的成年子女，当他们所从事的工作的工资低于其他兄弟姐妹时，父母会提供额外的经济支持。要做到这一点，关键是要让每个家庭成员都清楚这件事并明白为什么。尽管家庭成员不必达成统一的意见，但如果不公开这些计划以及原因，通常会造成家庭关系不和谐。

当父母改变遗产的分配方式，帮助经济困难的成年子女时，其他努力工作却没有从父母那儿得到很多持续性经济帮助的兄弟姐妹会感到心烦意乱，并有可能心怀怨恨。我所知道的结果会有两种：一位成功的财富创造者很乐意放弃继承父母的所有遗产，而选择让更需要这笔遗产的弟弟继承；另一位客户被父母的决定深深伤害，不公平的待遇给他造成了挥之不去的持久性情感创伤。在家族企业中，还会出现如何给在企业就职的子女和没有在企业就职的子女送礼物的问题。通常情况下，股票会留给在该企业工作的子女，而公司相关的房地产则会留给其他子女。随着时间的推移，这将产生估值差距，因为企业的升值速度可能比房地产快得多。那些继承房地产的人会因为受到了不公平的待遇而变得沮丧。但如果不考虑他们是否在公司工作，把股份平均地分给每个人，则可能会影响投资决策或利润的使用。此外，每个家庭的股份可能会无意中被子孙数量稀释，使人们担心未来可能产生权力斗争，后代争夺企业控制权。

就像生活中的许多事情一样，向子女转移资产时，进行适合子女年龄段的沟通是避免很多风险和变数的关键。如果可能的话，家长可以公开遗产规划，这样无论分配方案是否平等，大家都能提前了解自己的预期。正如你想象的那样，这个简单的步骤比任何由财富管理人和律师制定的宏伟战略都更加有效，同时保证了继承人之间的和谐。

如果你在临终前都没有谈论过遗产，那么你有可能面临严重的家庭破裂、被家人的不良情绪影响以及被家人误解的情况。财产继承不仅可以建立，同时也可以摧毁人与人之间的关系。了解一些关键因素至关重要，这些因素可以让财产继承有助于后代繁荣。

关于信托的真相

出于税收和财产规划的原因，许多有钱的父母会为子女设立信托账户。如果你为子女存了钱，那么更重要的是让他们为即将到来的财富做好准备。不要让如此重要的金钱分配成为他们 20 多岁时的主要烦恼。教导子女成为优秀的金钱管理者，教育他们金钱的意义与用途，以便于传授他们管理责任的框架。

当你考虑通过各种遗产和税务规划策略，比如建立不可撤销信托基金，向子女或子孙赠送礼物时，请思考其潜在的后续影响。我见过一些祖父母出于美好的意愿而精心设计的信托文件在家庭内部引起严重冲突的情况。因为信托文件在创建几十年后，其分配语言和规则无法充分解决当时的家庭动态情况。因为这些理财工具可以长期存在并生效，所以提前规划十分重要。

还有一类问题是，家长无论是在生前还是身后，当试图通过信托操纵和控制受益人时，此类问题被称为“永远管业限制”。

对信托公司的业绩最失望的人，通常是那些因 IPO 或流动性交易而匆忙设立信托以节省税金的人。他们所有的心思都花在了税务筹划上，而没有考虑信托如何影响家庭动态或受益人的生活。

例如，当父母为年幼的子女创建不可撤销信托以节省税款时，他们还不知道子女的未来会怎样。最终，父母可能给予了经济上困顿、财务上不负责任的孩子一份过分慷慨的信托基金，抑或是这份信托对于成长为一个负责任的年轻人来说过于严格。因此，最好的方法是等到子女长大以后再给予他们相应的财产。这样，就可以根据子女的需求，对信托基金进行适当的调整（尽管这样无法提前避税）。

请记住，信托并不是纠正子女不良行为模式的有效工具。如果你的孩子在童年时期从未承担过任何经济后果，当受托人执行严格的分配规则时，他们将很难接受这些限制和后果。

通常来说父母会制定非常严格的信托基金，因为他们担心信托基金会减少年轻人努力工作的动力。这不失为一种合理的担忧。

然而，如果子女成长于一个总是坐头等舱、在豪华餐厅用餐、开高档车、过奢华生活的家庭环境中，那么突然切断这种生活，并且使得到信托基金变得非常困难，对子女来说是残忍的。毫无疑问，他们可以学会通过适度的收入或财产分配来生存，但这也可能导致他们对父母的怨怼和家庭冲突。

其实父母在设立预期或建立一份慎重的信托基金时可以和子女共同完成，也许父母会发现孩子们更希望靠自己成长，而非父母给予的“安全网”。有时，父母则会选择设置另一种信托分配方式来鼓励子女，那就是给予与子女未来薪酬同等数额的信托基金。这类设置的问题在于，如果其中一个孩子未来当了教师，年薪只有 5 万美元，而另一个孩子是高管，年薪为 30 万美元，那么教师只能从信托基金中得到 5 万美元，而高管却可以得到 30 万美元。这不公平，对吧？一般来说，保持兄弟姐妹之间关系的最好办法是，父母尽可能做到平等，而不要试图控制信托基金或使用其他一些过分花哨的激励方式。

对于父母来说尤为重要的一点是，意识到虽然为子女提供财务安全的意图是好的，也具有现实意义，但信托基金的作用仍然可能适得其反。因此，等子女长大后再去询问他们将如何投资，比提前投资信托基金有效得多，尽管你通常是为了节省税金。关于金钱的谈话通常尴尬且复杂，尤其在面对子女时。但是推迟或者避而不谈并不是解决问题的办法。围绕金钱与子女开诚布公地进行符合他们年龄的谈话，是让他们走上有成就感、有保障的未来之路最好的方式。

谈话可以包括讨论现实的财务预期、从童年时期的零花钱到青少年时期的消费预算、大学的开支与开启独立的成人生活时的信托和遗产。帮助子女理解财富管理的责任并牢记这项“长期斗争”是严肃的事业。无论你此时的资产有多少，现在就请开始对话吧。

请回答以下问题， 考虑子女和金钱对婚姻关系的影响：

- 你有哪些有关金钱的教训可以与子女分享？请记住，无论你的选择与经历是好还是坏，都可以成为绝佳的教学工具。
- 从财务的角度来看，“好好培养孩子”对你来说意味着什么？你对此的预期是什么？
- 你将如何运用自己的价值观创造性地教育孩子理财？
- 考虑到子女的特殊需求，你打算如何为每个孩子提供经济支持？是平均分配还是按照每个人的需求与环境提供？
- 你希望留给孩子们哪些遗产？是否留给他们所有财产？具体数额是多少？又或者你不打算留给子女任何遗产吗？

第七章

人生价值定位

目前我们已经解决了财富创造者面临的许多具有实际性、策略性以及有关人际关系的问题，那么是时候探索一下财富在心理和精神层面更深层次的含义了。正如我们所见，财富创造者在管理财富生活和人际关系方面面临着特殊的挑战，但他们也拥有独有的机会，能够最大限度地实现自己的人生价值。

在之后的三个章节中，请留出时间，让我们一起深入探究那些我们平时不常花时间深思的想法与感受——也许正是因为我们害怕如果承认所信仰的东西与生活的本质并不相关，就不得不做出改变。请抛开犹疑，相信如果你在第七章、第八章、第九章的内容下进行了思考和感悟，你将超越恐惧、制订财富计划，去创造真正幸福、互联、充实和富有的人生。

你最重视什么？

作为财富创造者，获得生活的意义和目标的第一步就是去发现你的核心价值观所在。我将“核心价值观”定义为你独特的操作体系，就像控制身体机能的每个细胞里的 DNA（脱氧核糖核酸）一样。核心价值观自然而然地以一种非常真实的感悟定义了你是谁，你将在何处发展。我们许多天然的倾向和才能都源于自身的核心价值观。

本章将详述一个发现的过程，正是通过这个发现的过程，我逐渐了解了自己的核心价值观，比如勇气、信念、存在、统一、创新和慷慨，这些价值观念出于爱与智慧更广泛的动机。我内心无比渴望无论在何种情形下都能发出爱与智慧之声。我同样重视知识，并且在数据驱动领域取得了高级证书，但比起人际关系，我的确需要花费更多的精力去学习。

随着人生的发展和自我理解能力的增强，价值观会随着时间的流逝而逐渐清晰。每个人自我发现和自我“认识”的脚步是不同的，但正如亚里士多德说的那样：“认识自己是一切智慧的开端。”因此，在探索个人价值观的旅程中，我开始领会到自己对于所认同的价值观的理解如何变得越发清晰与细致。

从那时起，我就能比年轻的时候更为清楚地表达自己的价值观。其中一些感悟来自对时间的看法和生活经历。

你也许会好奇如果到了 25 岁、40 岁、50 岁甚至退休后你的核心价值观是否会发生变化。生活环境也许会暂时改变我们对于核心价值观的理解和表达，让我们当下相信它们可能发生了转变。但事实上，我们可能只是治愈了一些创伤或发现了关于自己的真相，从而重新开始关注自己的核心价值观。

人的核心价值观至关重要，但有时很难理解，甚至对很多人来说属于灰色地带。我发现，通过价值观的自我发现，我们可以深入认识自我，并能够理解如何才能使金钱匹配价值观。我如何在某些特定情形下轻松回应？我又能够在哪方面付出更多努力去实现对我来说非常重要的价值观？由于不同的情况或时机，我应该优先重视哪种价值观？我该如何改变消费和投资决策，使其能够与我最看重的价值观保持一致？

当你意识到自己最看重什么时，你对成功的定义可能会发生变化：理解金钱在人生中的意义会让你思考之前未曾考虑过的发展道路，或者可以转变你的思维方式，从而专注于不同的价值观，如自由、团队精神、乐趣或创造力，并将之当作衡量成功的新的因素。对于那些对慈善和慷慨事业感兴趣的人而言，发现自己的核心价值观是决定是否将金钱投入其中的关键。如果你想避免财富带来的负面影响，就必须弄清楚个人财富的真正用途。你的核心价值观就是指引你人生意义的指南针，而财富则为你和你的人际关系以及周围带来最佳结果。

［非常感谢 Taylor Protocols（员工价值观评估机构）的创始人林恩·泰勒，他在核心价值观这一主题上所做的工作，影响了我的想法，也帮助了我的理解之旅。］

发现你的价值体系

为了了解我们的核心价值观，并回答“金钱的意义是什么”这个问题，我们首先要探讨一些关于自我的基本事实：

- 你是谁，你爱谁，你的人生是怎样的？
- 你目前处于人生的什么阶段，所处的阶段和地点面临哪些机遇和挑战？
- 你人生中最想经历、体验、见证或创造的一件大事是什么？

请花些时间思考这几个问题并写出你的答案。这些答案可以帮助大家进一步发现自己最看重的价值观是什么。我最想问一起共事的财富创造者的一个问题就是：“金钱是达到目的的手段，一种获得你认为最重要的东西的方式。那么对你来说，什么最重要？”

当你开始寻找自己的价值观所在时，你可以试着思考这些方面的问题：你最接近的领域是什么？你最美好的愿望是什么？你最深切的恐惧是什么？如果不考虑经济条件，你想象的世界是怎样的？如果金钱不再成为制约你的因素，并且假设你拥有了一切成功的条件，那么你在个人、专业甚至经济方面会有哪些不同？这些将来可能的成果就是“淘金”（积累财富）过程中的内心世界所获得的额外财富。如果你取得了理想的成果，那么生活会有什么变化？会带来怎样的益处？为什么它那么重要？一般来说，这些问题的答案便是你核心价值观的来源，像萌芽一般，然后慢慢绽放。

提出并回答有关自己、生活以及梦想的基本问题，就是进行我所说的“理想成果”对话的开始。我的目标是，帮助每一位财富创造者认识他们内心渴望建立的价值观，并形成对各自“理想成果”的愿景。这样的愿景就是，当你回首往事时，能够体会到做出的所有决定带来的满足感，而这些决定往往反映了你最珍贵的价值观和你“理想的”生活经历。而金钱则在我们的多数重要决策中起到了极大的作用，比如决定与谁一起共度时光、选择拥有何种人生经历，以及确定我们在这个世界的目标感。金钱与价值观是紧密相连的。

你会在这个自我发现的过程中发生重要的思想转变：金钱本身不再成为你的目标（获得、积累和控制财富）。相反，金钱变成了可以实现你所期望成果的能量和工具。教育、旅行、家庭活动，甚至是一些如自由、团结、慷慨、快乐等更宽泛的概念，都可以属于这种具体成果。

财富的确让人拥有更多的选择与更自由的时间去做自己真正热爱的事情。尽管大多数人都会时不时思考自己最关心的事情是什么，但仍然有很多成功的夫妇或个人并未花时间深入探索这些问题，去思考对他们来说最重要的是什么。下面请预留出至少 30 分钟，参与下方的“价值观发现”问卷，有些选项需要多加思考。也许你会将“成就”、“家庭”或“服务”这几项作为人生中最重要的价值观来回应；其他例如“富有”、“情绪健康”或“精神”的部分则需要你花时间进行一番自我省察。

请花时间思考这些价值观的含义、它们如何体现在你的行为和决策中，以及你所重视的某些特定价值观是不是你目前生活的重心。请根据重要程度，在“重要性”一栏中写下相应的数字（1 表示最低，5 表示最高）。按照同样的方法，思考以下价值观在你目前生活中所体现的明显程度，在“证据”一栏中做出评估。请记住，“重要性”的等级可以按照理想程度打分，例如“沟通”“冒险”“乐趣”等价值观对你而言十分重要，但由于时间限制，并未在你目前的生活中占据主要地位，那么你也可以在“重要性”一栏中打高分、在“证据”一栏中打低分。当你完成这份问卷时，找出那些“重要性”为 5 分的价值观，再圈出或者列出其中的前 5 项，并按照重要程度对这 5 项进行排序。

那么，请在此处暂停并完成问卷。请记住，这里没有错误答案，只有你对生活和信念的正确答案。

表 7.1　价值观发现问卷

价值观	重要性（等级 1~5）	证据（等级 1~5）
富有		
准确		
成就		
冒险		
利他主义		
真实		
美貌		
清晰		
承诺		
沟通		
团体		
同情心		
勇气		
创造力		
教育		
情绪健康		
共情		
家庭		
灵活		
自由		
友谊		
节俭		
满足感		
乐趣		
慷慨		

续表

价值观	重要性（等级 1~5）	证据（等级 1~5）
健康		
全面生活		
诚实		
幽默		
正直		
亲密关系		
快乐		
领导力		
传统		
爱情		
忠诚		
自然		
开放		
伙伴关系		
毅力		
个人成长		
体态		
权力		
隐私		
专业水平		
认知		
尊重		
浪漫		
安全		
自理能力		
服务		
精神		
信任		
智慧		

价值观如何影响财务决策?

现在你已经完成了对自我价值观的评估，而这张表将会成为本书第七章、第八章、第九章的指南。了解哪些是你真正看重的价值观将帮助你做出重要决策，比如你真正关心谁、想照顾谁、希望自己未来可以成为谁。一些重要的价值观在“重要性”和“证据”栏之间的分数差异则可以帮助你了解自己在哪方面没有做到“言行一致”，即在哪方面你的价值观没有发挥其应有的导向作用。

请继续浏览此问卷，看看哪些价值观出现并影响了你的日常生活，哪些价值观和你做出的选择并不一致。将你认为最重要的价值观写下来或打印出来，将其贴在冰箱上或者电脑上等你可以看得到的地方作为日常提醒。

下一步我们需要研究一下对自己最深层价值观的认知将如何影响财务决策。我曾经接受过教练的培训，并开始了解自己的思维如何引导情绪做出反应，而情绪反应又如何影响行为。因此，你的钱商在很大程度上取决于你的思维模式。

我们的思维其实深受核心价值观的左右。当我意识到自己对金钱的想法与固有的价值观缠绕在一起时，我对金钱的情绪反应就会变得更健康，从而能够改进后续需要做出的决策。

如果没有价值观作为导向去引导你的思维，你发现自己会陷入我们在第四章讨论过的“控制”、“关注”或“谨慎”的行为模式中，而这些模式会在实现人生美好愿望和梦想的过程中起到反作用。

在我个人的人生历程中，十分看重慷慨的品格，并努力保持开阔的思维与胸襟，让同情和爱心成为前行的动力，积极主动地寻找机会。有时，一想到账户余额，恐惧和焦虑也会淹没我，这便使我更加谨慎。我一般会整理自己对于财务安全的额外需求，告诉自己以后还会有“捐赠”的机会，而不是直接采取行动。当我没有遵从内心做出“慷慨”的行为时，就会发现自己没能实现理想成果。

从实际层面来讲，你认同的核心价值观如何在有关家庭的财务决策中发挥作用呢？你是否拥有始终需要经济援助的配偶、子女或其他人际关系？再者，你在教育、家庭活动以及旅行方面的义务和期望又如何？你是否打算为自己已经成年的子女、年迈的父母、兄弟姐妹或其他人提供经济支持？金钱从来不是目的，而是实现目标的重要手段。所以，对你来说最重要的是什么？

我之前服务过一对热衷于投资房产的夫妇，他们与多数财富创造者一样极其重视教育。但他们的经济来源与之所在的大家庭的经济来源之间存在着巨大的差异。他们的大多数兄弟姐妹在经济上都并不宽裕，因此这对夫妇曾感到非常内疚，认为他们的父母和兄弟姐妹无法享受通过财富获得的高水准的生活方式是多么不公平。

不幸的是，当他们慷慨解囊去帮助亲人时，却发现这笔钱总也不够，给出去的钱总是被用在了其他方面。比如，他们以为这笔钱可以帮助亲人偿还信用卡账单，但却发现短期内亲人的信用卡再次被透支，甚至被透支得更加严重。结果反而是亲人们希望能从他们这里获得更多的经济援助。

这对夫妇原本希望他们提供的经济支持能够更好地解决他们大家庭成员面临的实际问题，但多年来，双方却都因此感到沮丧。于是他们所重视的价值观——教育就发挥了作用，让他们找到了不同的方式去提供帮助，那就是资助侄子和侄女们的大学学费。通过这种方式，他们实现了教育的价值，并为整个家庭的下一代提供了更多的机会，同时也因大家庭长远的成功而倍感开心。因此，当你的经济决策紧紧围绕价值观时，你会为自己以及所关心的人和事而感到荣耀。

旅行是融合“慷慨”和“家庭”等重要价值观的另一种方式。我在西雅图的一位长期客户很看重“慷慨”的品质，同时又希望能与自己的大家庭产生更深厚的联结。但她的亲人们多数住在东海岸，平时很少能见面。由于她自己是西雅图海鹰队的球迷，于是她决定将所有的家人都带到佛罗里达看西雅图海鹰队的球赛。她的家人们的经济来源各不相同，少有机会拥有这种体验，因此她慷慨地解决了所有人的机票、酒店和三餐费用。在价值观指导消费决策的同时，她与自己的家人共同创造了宝贵的回忆，与之产生了更密切的联系。

观察你对亲朋好友最深切的期望、感受和要求。你希望金钱如何影响这些人际关系？诸如“与他人沟通”“冒险”“乐趣”“教育”“亲密关系”之类的价值观，会如何影响你有关家庭活动、大学费用、旅行、度假屋和社交活动的经济决策？用你最深层的价值观指导财务决策，将有助于你实现人际关系最理想的结果。

正如我们在第五章中讨论的那样，对于夫妻来说花时间讨论和比较内心最重视的价值观尤为重要。有些伴侣会发现彼此有着完全不同的核心价值观，因此在财务决策上便会出现重大分歧。就像詹姆斯和玛丽，他们有不同的价值观——一个崇尚节俭，另一个则更重视家庭活动，这成了他们婚姻中主要的争执所在。

夫妻之间不仅要提出各自独立的愿景让对方同意，而且需要花时间讨论对双方来说最重要的是什么。多年来我听到过无数次这样的对话，无法确切告诉你有多少对夫妇都表示倾听对方谈论在金钱方面的诉求和给予对方对于未来理想生活的共同愿景是多么重要。诚然，财务安全通常是每个人的诉求，但这却不是财富创造者每日早起、努力工作和创造财富的全部动力。因此，与伴侣的价值观保持一致，是你们能够充分达成理想生活、迈向美好人生的重要一步。

我与妻子克勒经历过相似的过程。我们曾经研究过各自独特的价值观，然后探讨了夫妻之间的共同价值观：朴素、精益求精和坚持到底。为了纪念它，我们甚至一起画了一幅画挂在卧室的墙上，让它时不时地提醒我们人生共同的价值观是什么。

不要浪费一场好的危机

想让价值观和金钱保持一致，下一步就要认真审视你自己最美好的愿望和梦想以及你在个人、专业和财务上的恐惧所在。创建属于你自己关于成功的定义可以指引你更好地理解自己的愿望和梦想，并获得诸如“慷慨”、“传统”和“勇气”这样的价值观。同样，你在个人、专业和财务上的担忧与关切，也能引导你认同或许之前被忽略的重要价值观。

财富创造者可以如此专注于赚钱、投资和保护财产，以至于衡量成功与否的唯一标准就是他们得到的金钱的数额。正如我们在第一章中所讨论的，最大限度地提高人生回报取决于对成功更宽泛的定义，比如保持健康的体魄、与家人朋友保持亲密的人际关系、珍惜人生经历而非“物质”、在慷慨解囊和学习的机会中找到乐趣，并了解金钱在你的人生中到底有怎样的意义。在前文的调查问卷中你找到的前五个重要价值观可以为你解锁对于“成功”的新定义，帮助你有目的地消费、捐赠和投资。

几年前，我有幸认识了戴夫·科特，他当时是一家叫 SquareHub 初创公司的创始人兼首席执行官，这家公司打造了一个家庭社交网络平台。我在他身上看到了拥抱价值观去创造成功新定义的真实案例：充实又真实地生活，与人建立有意义的联系，慷慨大方且允许自己接受生活的一切可能。

然而，戴夫这种以价值观为导向的生活方式却不容易。他在 41 岁那年中风，差点丧命。之前他一直在亚马逊担任高管，努力工作，然后创立又出售了自己的创业公司。在这个过程中，他忽视了人际关系，结束了 10 年的婚姻，忽视了健康，也与三个女儿失去联络。他的确赚了很多钱，但却并不开心。事实上，他说自己感到非常空虚、孤独和不满足。

戴夫并未白白浪费这一场“好的危机”[1]。经过这次接近死亡的经历之后，他重新审视了自己的重心。“我现在有一种有趣的愉悦感和轻松感，这是我之前的生活所不熟悉的感觉。”他告诉我，“5 年前，我本来极度紧张，并且需要镇静。而现在则相反，我很开心、很快乐，也很满足。”如今，他花费更多的时间陪伴女儿们，每天为她们做午饭，送她们去上学。他

---

① 这出自丘吉尔说过的一句话：“不要浪费一场好的危机。”——译者注

已经意识到，重要的人际关系是生活的起点。之前没能意识到这一点，导致他婚姻失败，同时也让他的工作表现大打折扣。

“我的错误是过早地设定了人生的轨迹和期望，并过分用功。”戴夫说，“金钱会让你变得孤立，也会带来其他问题。”中风之后他思想上的重大变化之一就是，将自己的思维方式从“获得”变成“给予”。他将注意力转移到帮助他人上，专注于关系而不是物质。从致命的中风中恢复后，他有一个清晰而简单的愿望：“我希望因抚养三个女儿和帮助他人而被铭记。”

戴夫显然已经欣然接受了有关“家庭”、“慷慨”和“服务”的价值观，并允许这些价值观引导他中风后的职业、生活以及财务选择。因此有时候，思维方式的改变需要一些令人害怕的经历。幸运的是，我们不必亲自面对死亡就可以确定自己人生中的哪些方面无法以最佳方式发挥作用。恐惧和担忧也会让我们了解之前可能忽略的价值观是什么。那么你在个人和职业方面有什么担心呢？你最害怕什么？让我们彻夜难眠的那个想法，就是理解我们最珍视的东西以及财富在人生中发挥最大作用的关键。

因此，危机也是我们欣然接受内心价值观的重要因素。许多时候，我们最喜欢且为我们人生带来巨大意义的事物并不十分牢靠，有时会伴随不同形式的风险与不确定性。当你考虑开始新的尝试时，手心的汗和内心对失败的正常畏惧反而说明你现在走在正确的道路上。而本书的存在也可以归因于我的梦想比自己以为的更大，并让自己处于一个冒险的状态，无法预知最终的结果。但我认为这通常就是人生的意义和目的所在。

把钱花在内心想花的地方

提及慷慨与慈善这两点，发现自我的核心价值观往往会引领财富创造者产生新的使命感。换句话说，要把钱花在自己想花的地方。

“同情心”也是我看重的价值观之一。但大约 5 年前，我意识到自己不知道如何发现需要同情的事物。我认识一些人，他们之所以不断筹钱来抗击癌症，是因为他们有一个与之抗争的亲人，又或者与慈善机构有私人联系。而我却无法被任何特定的原因打动。

我的一位朋友将我推荐给了慈善顾问希瑟，让我向她寻求帮助。我告诉她，“给予”对我来说就像是一种写支票的练习，而我却想将情感与慷慨联系起来。她建议与我和妻子一同谈一谈她所说的“心灵之旅”。我当时并不熟悉这个概念，但“心灵之旅”这个词却激起了我的兴趣。希瑟向我们解释说，她将带我们到各个非营利组织进行探访，结识那里的工作人员，看一看他们的工作解决了哪些需求。

在那次旅程中，我们探访了西雅图联合福音差会（Union Gospel Mission）的成瘾和康复项目，参加了这个项目中一部分女性的毕业典礼。毋庸置疑，她们的脆弱，她们面对人生最严峻的挑战并选择继续战斗的勇气都使我们深受感动。克勒和我都被吸引了。

不久之后，我的妻子便开始在一所女性庇护所教授成瘾和康复课程。而傍晚我们则跟着搜救车一起为无家可归的人与弱势群体提供食物、毛毯和一些基本必需品。我们目睹了这座城市的大桥下和公园里无家可归的人，闻过了这些流浪的气味，这些都让我们心碎，却也让我们变得更好。

之后，希瑟带我们去了非洲，这也是她作为当地基金会执行董事探索研究过程中的一部分工作内容。在乌干达丛林里遇到迈克尔的经历可以说是我们人生中最感动的经历之一了。迈克尔只有 15 岁，住在一个没有任何食物的小木屋里，还要负责照顾他的三个妹妹。由于战争和疾病的肆虐，迈克尔只是非洲众多失去父母、担起家庭重任的孩子之一。

同朋友埃里克和希瑟一起，我们给予了这个没有接受过任何教育，并且没有任何技能的小男孩（以及他的三个妹妹）教育、安全方面的支持，给了他关怀。回到家后，我们的内心发生了变化，“慷慨”也变得自然而然。我不再感到被强迫、无动于衷或需要极力说服自己。就像我的朋友保罗·休梅克说的那样，这是一件“无法不去做”的事。

因此，当你找到这些以价值观为导向的消费动机时，便会简化财务决策，金钱会自然而然地朝着那个方向流动。通过有意识的内省与探究，你会开始发现深植于你内心的价值观已经在指导你的行为，也会发现其中的一些价值观令人充满希望。

而你最重要的价值观就是能够照亮你人生重要目标途径的灯塔。如果没有这些原则作为导向，你会在黑暗中摸索，对财富的目的和金钱的意义一无所知。

请记住，定期查看你列出的5个最重要的价值观，它们会指导你做出选择并帮助你发现哪里可以让你发挥慷慨的品格，并产生重大影响。价值观让我们踏上了充实的人生道路。

请思考以下有关核心价值观的问题：

- 哪种价值观对你来说是不容妥协的，为什么？
- 哪种理想的价值观会让你在将来更为重视？
- 你是否与伴侣或伙伴分享过自己的价值观，他们有记下来吗？你需要哪种类型的支持和协助进行此类对话？
- 你能否记起一次以自我价值观为导向而发生的慷慨行为？

第八章

你的最高使命

财富的馈赠开启了一个充满各种可能性的奇妙世界。在本书中，我们围绕成功、钱商和人际关系进行了初步探索，并探讨了这样一个问题：“金钱的意义是什么？”如果你了解自己的价值观，就会把问题的重点变成：“生活的目的是什么？”

如果你对成功的衡量标准是金钱的多少，那么当你收获财富之后，又用什么来衡量自己的人生呢？你将如何找到人生的意义和目的？使命就像地心引力一般，引领你走向一种可以为超越自身的事物而奉献的人生。本章将帮助你发现你对这个世界的独特贡献，以及如何真正拥有比原来更大的梦想，去实现只有你才能产生的影响力。

在我的人生旅途中，通往更高使命和目标的道路并不是一帆风顺的，就像用许多年的时间拆开一份礼物一般。只有通过事后回顾那些周折，我才能清楚地看到属于我的故事的波折走向。在理解自己使命的过程中，我所经历的一切都映照出一种英雄之旅的意味。

在这样的英雄之旅中，平衡的状态往往会被生活中某些混乱因素打破，从而让你不得不回应人生的冒险使命。当你开始进入未知领域时，会有人指导你、帮助你经受即将到来的试炼与考验。最终，你会得到一个启示，让你毁灭又重生，重建后转变，抵达后又回到已知的世界。我发现这就像一个典型的“英雄”故事，当我开启一段新的冒险之旅，成为自己故事中的主角时，更高的目标就会出现。

在建立和运营我的公司——高地私人财富管理公司的 10 年中，这一点毋庸置疑。高地公司在我的人生目标中一直远不只是一份工作：它是上帝用来塑造、治愈和改造我的画布。

在高地公司开始赢利的第一个 10 年刚刚过去的时候，我在情感上、精神上和身体上都遇到了危机。随着业务的蓬勃发展，服务新贵客户让我兴奋不已，但多年的长时间工作、动荡的金融市场、管理员工事务也在榨干我的精力。依靠着最初的勇气、坚持和对失败的恐惧，我既当大厨也做小工，几乎完成了每一项能想到的任务，单枪匹马地推动公司前进。

我如此强烈的动力来自我的前老板们，他们在 1999 年对员工的年度绩效评估中对我的评价并不乐观，认为我根本不具备经营自己的企业所需的条件，更不用说在金融服务行业取得成功了。尽管当时的我还不成熟，但我发誓要证明他们是错的，发誓要避免大多数初创公司面临的高失败率。我要不惜一切代价让公司活下来。

这的确让我付出了很多代价。当你的生活处于焦虑、恐惧、担忧的环境，在精神和情感上处于“我要对抗世界”的状态时，你会消耗大量的精力。这就像在跑步机上跑步，你的腿在尽可能地快速奔跑，但永远无法有任何进步。这种能量的转化推动我在短期内完成了很多事情，让我感到成功，但这是以我的身心健康为长期代价的。

岁月开始模糊起来，实现这个最初基于“生存”的使命而产生的个人影响，开始对我的生活造成越来越大的伤害。我的“燃料”很快就用完了，我迫切地需要一颗新的北极星来指引前方的旅程，我需要一个新的目的地、一个更清晰的目标、一个更好的“为什么”。换句话说，我需要一个更高的使命，把我的生活引向一个更快乐、更充实的未来。

于是，我开始做一些有助于自我修复和自我提升的工作。我一直生活在黑白世界里，因此想要体验一下生活在色彩斑斓的世界里的感受。当时，高地公司很大程度上代表着我，但我所寻找的已超越了商业使命或愿景。我开始关注内心而非外在物质世界。这是一段自我发现的时期，是一段从过去的情感和心理创伤中治愈的时期，是一段拥抱超越自身能量的信仰的时期。正是这段精神之旅让我思考了三个重要的问题，我相信这也是找到你更高使命的关键：你是谁？你因何而存在？你的独特贡献是什么？

你是谁?

我确实不知道这个问题的答案。生活很忙碌，我们把大量时间花在了工作、实现目标以及追求物质上。关于这一点，我指的是我一直在为一些外在回报和别人的认可活着，作为“我是谁”和我存在价值的确认。直到我开始回顾自己的生活，审视自己的意图，我才意识到自己的许多行为，比如完美主义和控制欲，都是我为了获得所谓外界定义的“成功”而磨炼出来的应对技巧。

开始探索“我是谁”让我直面了自己的失败、担忧和恐惧，这个过程十分痛苦。但探索的过程帮助我认识到了自己的个人成就、天赋、才能和核心价值，“我是谁”在本质上存在于我的灵魂层面，那是我最真实的自己。

俗话说：“在任何事情发生之前，对于一成不变的恐惧要大于做出改变的恐惧。”我需要耗费大量时间，需要各种各样的顾问、导师和人生规划师指导并帮助我度过这段时期。而且这个过程也常常让我感到畏惧，需要有人来教我应该怎么做。我的妻子已经经历了她自己的探索之旅，并在这条道路上给予了我巨大的支持和鼓励。由此可见，深入内心和灵魂层面的旅途非常艰难。

多年来，我一直用工作和个人成就来分散自己的注意力，因为这样的人生对我来说更为容易。然而，一旦走出过往的舒适区，我冒险进入未知的旅程，有一股积极的能量在激励我，推动我前进。了解自己并同时成长成了我的个人使命。我阅读了所有我能读到的关于核心价值观的书，并学着去理解自己、爱自己。这个自己不是我希望成为的那个自己，而是现在的自我。对我来说，“满足”是一个有趣的概念，因为它与获得世人认可的迫切感和对于成功（包括经济上的成功）的定义背道而驰。

直到无法将金钱与有意义的和有目标的生活联系起来，我们才提出并回答“我是谁”这个问题。对许多人来说，隐藏真实的自我，保持神秘甚至孤独的生活是对抗世俗最简单的途径。财富和所谓成功极大地导致了这样的结果。

我在我所在的教堂组织了一个叫作“起源过程”（Genesis Process）的男子团体。这个项目的核心是，在一个充满爱与支持的组织中，被自己和他人所了解。尤其是对男人来说，通过所谓“伪装”去发现自己的本真是一个可怕的概念。我们意识到，我们并不是独自一人在恐惧和担忧中，我们也不是唯一面对失败和遗憾的人，大家都有梦想和希望，尽管随着时间的推移，其中一些梦想几乎被生活环境扼杀了。这种发现和认知的力量是非常强大的。

多年之前，每当谈及自身和内心深处真实的自己时，我既会感到不适，又会觉得尴尬与飘忽。而现在，虽然谈及自己时还不够顺畅，但我已经能够轻松地接受并欣赏自己了。比如，我——约翰，有爱心、有创造力、有竞争力、有胆量、有冒险精神、有精气神、爱运动、慷慨、聪明、有好奇心、有趣、鼓舞人心、健康、勇敢、忠诚和体贴。

但还有一部分“我自己”，这部分特质面临着挑战，同时也是我正在努力改善的一部分，比如完美主义、控制欲、缺乏安全感、容易感到焦虑等。我在生活中扮演着许多角色——儿子、父亲、祖父、丈夫、朋友、企业家、教练、作家、财务规划师以及上帝的孩子，这些角色造就了外在的我。

以下问题将有助于你的自我发现之旅。请记住，花时间反思和记录才是一次有决心的自我反省过程。你也可以考虑和一个值得信赖的、能提出不同观点的密友讨论自己的想法。

- 你最为自豪的前 5 项个人天赋、技能或能力是什么？
- 你永远不会放弃的 5 项个人价值是什么？
- 你的核心信念是什么（包括你不好意思承认或大声说出来的信念）？
- 如果你的伴侣或其中一位密友在写你的讣告，你认为讣告上会写什么，或者说你想让上面写些什么？

你因何而存在？

对我来说，这是一个关乎我个人信仰和对上帝的依赖的精神层面的问题。但对你来说，这个问题可能有另一种答案，比如去“享受”生活。你的存在是宇宙中的一个意外还是神的计划的一部分？只有了解你存在的理由，你才能为自己的未来旅程设定航向。

“我因何而存在”对很多人来说是一个棘手的问题，也是我们很少考虑的问题。即便你是在一个具有宗教传统的家庭中长大的，在这个问题上的不同概念、定义和观点也会让你感到困惑，而且当你寻找自己为什么存在于这个星球的真正答案时，也同样会陷入困境。这种内省需要与你对生命、上帝或更高的力量，以及最终对灵魂的认知进行斗争。

我们常说“人类精神”的韧性与力量。许多人相信我们是有灵魂和精神的。对我来说，灵魂代表着我们的本真，而精神代表着我们与比自身更伟大的源泉的联结。这种精神或灵魂的语言是爱、慈悲、宽恕和欢乐。

丹麦哲学家瑟伦·凯尔克高写道，人们首先试图通过取得物质来获得满足，但物质终将变得毫无意义。为了寻求更深层次的满足，人们转而寻求功绩与事业，或者通过帮助他人，或者通过追随自己的本心。凯尔克高认为，人类如果没有信仰，没有超越物质世界的固有信念，那么人生终将被证明是毫无意义的。换句话说，我们需要一种更高的力量。

我同样相信，有一种更高的力量、一种更高的能量来源，它连接着所有事物，并为我们指明了让人生变得有意义的生活框架。我不相信我是宇宙的一个意外，也不相信我的人生只是某种巧合，我也不相信你的人生是这样的。

当你看到客厅窗外巍峨的群山，或者静静感受呼吸和心跳的简单节奏时，就会对生命充满感激，并相信上帝的存在。也许你和我对这种更高的力量的信仰有所不同，但我认为每个人都能感受到与比自己更伟大的事物的联结，无论是通过自然、艺术还是我们群体的人性。人类之所以被创造，不是为了生存，而是为了充实地生活。人类如果只为生存而存在是一件非常可怕的事情，但是许多人发现他们自己却处于这种状态。原因是什么？因为维持现状在某种程度上对人们而言更有安全感。这是我们所了解的状态，也了解这样的状态带来的结果，并且感觉这种状态易于掌控。是的，充实地生活本身代表了一定的风险。我们试图勇敢地消灭生活中或投资组合中的风险，但我们也本能地知道，无论在生活中还是投资组合中，风险越大，回报就越大。

我希望能够鼓励你，对自己因何而被创造并存在这个问题有一个更广阔的定义。如果你存在的“原因”是在有生之年尽可能多地赚钱，那么我想你会对最终的结果以及离开时留下的遗产感到失望。

然而，如果你能拥抱风险——当然这需要对比自身更高的力量充满信心——机会就随之而来，只有你的想象力才会限制你。这就是为什么这个问题对寻找我们的最高使命如此重要。

我发现，对我来说正确的答案是，我存在的目的就是为那些比我更伟大的人或事物服务。我希望真实的自我能被表达出来，为这种服务奉献，只要我的身体情况依旧允许我这样做。

思考以下问题并写出答案，或许能帮你了解你因何而存在：

- 你如何描述自己人生的目的？
- 你对精神的定义是什么？
- 你内心最深的渴望是什么？
- 你在什么时候才会感觉最有活力？

你的独特贡献是什么？

最后一个问题是要求你发现一种只有你才能做出的独特贡

献，这个问题将带你找到你最高使命的答案。想要精准地找到你对这个世界的独特贡献，就需要内省、审视什么才能带给你快乐和满足，并了解是什么让你的整个生命充满能量。

我把这个过程比作找到棒球中最佳击球点的过程。对于非棒球运动员来说，他们的最佳击球点是击球时球棒上那个能让棒球飞得最远的位置。你可以用几种方法找到那个点，比如用一根结实的棍棒从上到下击打球棒的不同位置。最佳击球点会产生与众不同的振动，当你敲击时，产生的声音也有所不同。你也可以通过一个接一个的击球来测试，并注意过程中距离和位置的差异。这个发现的过程需要动用你所有的感官。同样地，发掘自己的独特贡献需要深入你的思想、记忆、情感和直觉，以及有勇气去接受意想不到的答案。

在我寻找人生最高使命的过程中，我开始意识到，创办高地公司的经历正是我一直以来希望经历的：一场发现自我的精神之旅，通过这次旅程我可以更好地认识和了解自己，对生活产生更深的满足感。当我弄清楚自己新的“为什么”（无论是个人为什么而存在，还是公司为什么而存在）时，我意识到自己的愿望一直是帮助他人，而不仅仅是为他们管理财富。

对我来说，为客户制订理财计划并确保他们一直保持富有的财务状态是不够的。我一直认为，高地公司是一家恰好从事财富管理行业的人际关系公司。每当我与客户进行对话、了解他们的价值观、支持他们的目标、为他们提供生活中亲密关系或重要部分的建议时，他们通常会分享一些非常私人的细节，无论是在面对婚姻、人际关系的挑战、身份认同的挣扎时，还是在面对与金钱有关的其他情感方面的问题时。

我觉得自己更像一个密友，通过分享自己的故事与经历，帮助客户克服他们的痛点。当然，并不是所有的对话都与痛苦相关，有很多对话是关于希望和梦想的。我喜欢了解客户真正想要什么样的生活，喜欢制定能够帮助他们实现目标的方案，让他们以更充实的方式去生活。

我意识到自己正在经历一个关于“为什么”的演变，在这个过程中我扮演着两个角色：曾经的经历让我成了一名金融顾问，为客户提供金钱问题上的建议与专业知识；但同时我也在帮助自己的客户处理其他深层次的重要问题，在很多情况下，这是我能提供的最有价值和最独特的服务。我认识到，客户需要的是一位教练，帮助他们找到需要在自己身上才能找到的答案。

于是我决定开始接受职业教练的培训。一年之久的培训项目让我收获了一段工作的旅程，一些让我成为更好的倾听者的工具与技巧，一些提出更鼓舞人心的问题的方法，以及担任讨论过程中的顾问或教练时去理解他人的信心。

培训过半时，我们必须选择一个分支专业进行附加培训。当我在报名参加培训课程时，我确信自己最终将担任高管教练的角色。对我来说，高管教练是最安全的选择，也是当有人问我为什么要从事这项培训时最容易解释的答案。

在一次周末现场培训中，我做了一个梦，这个梦证实了我内心一直存在但不愿大声说出来的一件事：我将成为一名精神上的教练。精神辅导与宗教无关。这是一份帮助别人发现内心世界、找寻生命的真正意义、发现上帝赋予我们每个人独特的天赋，然后扫清前进中的障碍而一往无前的工作。甚至我在与同学们谈论这个想法时都会感到紧张，因为我是一个商人，却感到自己在所处的位置上压力重重，因为在商业领域，我不得不保持多年来我为自己创造的形象。除了财富管理专业知识之外，同时为客户提供高管教练的服务，会让他们对此产生好奇，但却不会遇到什么真的难题。告诉别人我是一名精神教练绝对是一件不舒服的事。

但事实是，多年以来，我一直在与客户进行所谓“有意义的对话”。我拥有能够真正了解人们生活内核的特殊能力。有时，我能听到他们灵魂中的痛苦呻吟，具体表现为沮丧、愤怒和无助。但我也能看到他们经历更好的人生回报的潜力。我希望自己能帮助他们摆脱阻挡他们的一切障碍。

我也意识到我在促进夫妻之间困难的对话方面有特殊的技能。因此，指导人际关系是我擅长的另一个领域。当我们的教练培训课程要求有人在全班同学面前模拟一个人际关系辅导的场景时，我很轻易就做到了。

有趣的是，我们常常在自己曾抱有激情并有过实践经验的领域找到自己的使命，比如我多年来都在帮助一些夫妇解决有关金钱与人生的很多问题。我也发现锻炼这种能力给我带来了巨大的能量。这也是确认你的独特贡献的另一条线索。帮助人们跳出困境，看着他们以一种健康的方式朝着更大的生活目标前进，让我有一种心里被电流穿过的感觉。我能感觉到它在我体内爆炸了。

其实你可以通过很多线索找到自己的使命，比如能量、经历、新技能、天赋或激情，甚至是一些有风险的事情，这一切都能告诉我们自己正走在正确的道路上。

到目前为止，我所有的专业经验都来自与财富创造者的共事中，以及管理资金、指导和管理成功人士的财务生活中。对我而言，踏入这个新领域是有风险的。人们会如何评价这件事？我为什么不专注于财富管理呢？假如做教练这件事行不通，让我变得像傻瓜一样，或者根本没有人在乎呢？

人生投资组合中的风险与财富投资组合中的风险是一致的。你承担的风险越大，回报就越高。多年来我发现，大多数人都希望在证券市场波动时获得股市回报。换句话说，他们希望自己的证券投资组合中几乎全是上涨空间而非下跌空间。然而，即便是投资新手也知道，风险与回报是密切相关的。人生亦是如此。体验高回报的生活通常伴随着高风险，比如声誉、时间，甚至金钱。

在了解自己的人际关系指导技巧和通向精神教练的道路

后，我终于能够表达出自己新的“为什么”，并充分认识到自己的独特贡献。在 2016 年的一次领导力务虚会上，主持人要求我们写下来年的目标、为什么想要实现它们、我们希望从实现过程中得到什么，以及阻碍我们实现目标的是什么。

当我被要求分享自己的答案时，我脱口而出：“我将开始提供有关金钱和人生目标的指导服务，无论是为个人还是为夫妇们。”当时有人立刻举手，并且有四位当场表示：“我需要这个！”因此，一旦你沉浸在自己的命定目标中，机会之门就会向你打开。你的思想将会转变成意愿，而意愿终将变为现实。从那以后，我得以在财富咨询机构中与许多成功的夫妇或个人合作，而这些经历以新的方式充实了我。撰写本书也是我实现并过上充实生活的一部分。

我们经常找借口躲避这种充实的生活，当我们认识到自己是唯一适合做出某种贡献的人时，恐惧会阻碍我们接受自己的最高使命。很长一段时间以来，我都是这样的。我希望自己能待在安全区，作为一个旁观者去思考自己的潜力，却不迈出那一步。财富的增加既为我们寻求最高使命创造了机会，也带来了挑战。

财富并不是万能灵药，如果在拥有财富之前，你就对工作失去热情，那么财富便无法治愈这样的疾病。我曾指导过一位中年高管，他在拥有家族企业的一笔商业财富前对自己的工作并不满意。这笔意外之财让他辞去了工作，但也让他面对新的压力，不得不寻找生活中其他让自己有激情的事情。起初他想：“嘿，我终于可以辞掉这份讨厌的工作了，这太好了！”但现在他在思考：“我能找到满足我的东西，让我真正投入并做出贡献吗？”由此可见，金钱并没有解决人们的根本问题：目标缺乏与身份认同。

拥有自由的时间和多种选择当然是好事，但财富创造者也许会发现他们拥有如此多的机会，以至于让人感到不知所措和无法选择。这的确让人感觉一切皆有可能，是一份美妙的礼物，但对一些人来说，做选择也是困难的。

我还记得我在当教练早期时指导一位客户的经历。他在生活中努力寻找身份，面对各种各样的选择，他几乎感到麻木。他人生中有非常多的选择，但却没有一种机制让他决定什么才是正确的选择。我问他：“你上一次冒险是什么时候？你什么时候做过一件在没有成功的情况下就会付出代价并需要承担后果的事情？”

我们可以试图消除生活中所有的风险和波折，让自己更有控制感和安全感。但我们也消除了所有的上升空间、人生回报和巨大的奖励。我认为风险是寻找意义和目的的一个重要因素。很多时候，我们最为享受且最有意义的事情也许并不稳妥，具有某种形式的不确定性和风险。如果你手心出汗、恐惧失败，那么这可能预示着你已经接近自己的归宿。

请思考并回答以下问题，通过这些问题发现自己对世界的独特贡献：

- 你可以作为爱好的固有兴趣和天赋是什么？
- 请描述你人生中最棒的一天，比如在这一天中你看到了什么、感受到了什么、经历了什么以及做出了什么贡献？什么事情哪怕只是想一想都会给你带来巨大的正能量？
- 你在生活中扮演了哪些角色？哪些角色让你感到“正确”，接近最真实的自己，或者让你觉得是一种“使命”？

最大化你的人生回报

几年前，我曾遇到一位叫史蒂夫的潜在客户。在听我讲完我们建立高地公司人际关系的独特过程以及我们的使命是让人们自由地、充实地生活之后，他问我：“约翰，你活得充实吗？”我发现这是我人生中一个十分坚定的时刻，我答道：“是的，我活得很充实！”

我曾经拥抱风险，创办了一家公司；而后再次拥抱风险，发现了自己的独特贡献。我正从过去的创伤中恢复，活在当下。面对这个问题，能够说出一个响亮的“是”，实在是一种很棒的感觉。这也让我意识到，我的工作不仅是告诉人们去充实地生活，而且要真正塑造出充实生活的范例。

我们都想过一种因全身心致力于为人际关系和这个世界做出令人满意的贡献而精力充沛、时光飞逝的生活。财富的馈赠能让我们在价值、技能、天赋、兴趣和背景与使命的重大契合点上实现伟大的梦想和目标，引领我们走向有意义的和有目标的人生经历。然而，这里还缺少元素。

那就是信仰和精神。信仰和精神支撑着我的勇气，使我能够驾驭自己的人生与事业。我在一个基督教家庭长大，信仰上帝，常去教堂。只有当我们拥有了超越自身能力的成就时，才有理由信奉比自己更伟大的事物。我的很多故事只能通过信仰来解释。例如，指引我们成立高地公司时的环境、我们所服务的客户以及我个人的转变等，还有很多其他例子。

犹太信仰中有一个概念叫“Shalom”，可以大致翻译为“和平”—— 一种万物、人际关系以及上帝都在一条战线上的状态，如同它们本来的样子。“茁壮成长”是《圣经》的另一个概念，意思是活成上帝创造的独一无二的你。这两种概念都简单清晰地阐明了生命背后的“为什么”，并给予我信心，让我不断地寻求生命的意义，让我明白我的生命是有目的的，我有能力为世界做出贡献。

我正试图以我自己的人生去建造范本，因为我也被赐予了很多祝福。因此，我和妻子开始捐献什一税，将高地公司

10% 的利润投入慈善事业，以表达我们夫妇双方共同的信仰以及我们共同的价值观——慷慨。我还利用我的影响力和专业知识，花时间传授我从自己的个人经验和作为财富顾问的职业生涯中学到的有关金钱与生活合理结合的知识。

我相信，只要我们有能力去做，就注定要创作和奉献。你可以将之定义为一种可以得到工资和报酬的职业与副业。无论何种“工作”驱动着我们，都让我们拥有了生命中的重要目标，这也是我不相信退休这种概念的原因。

我不相信当我们工作到 45 岁、55 岁或 65 岁，在拥有继续为世界做出贡献的巨大潜力时，就把那些技能、天赋和经验搁置起来，每天去打高尔夫球。尽可能多地打高尔夫球并不能最大化你的人生回报，尽管我并不反对打高尔夫球，也很喜欢这项运动。我只是希望人生的分量可以变得更重。我希望贡献所能贡献的一切，只要还有余力，就绝不保留。

当我们发现我们是谁、因何而存在、对世界的独特贡献是什么的时候，就能实现自己的最高使命，开始充实地生活。当我们把财富的馈赠和自身最好的事物结合起来的时候，在面对金钱与人生的博弈时，胜算就会增加。

现在你已经深入了解了“你是谁”“你因何而存在”“你的独特贡献是什么”这几个问题，请留给自己一些时间思考以下问题：

- 写出你认为自己有“更高使命”的1~3个领域，你将在这些领域中做出何种贡献？
- 为了实现目标，你会采取的一项行动（无论大小）是什么？请记住，这会让你觉得有风险，并且需要投入时间或金钱。
- 你和谁谈论自己的想法会对你产生帮助？谁又能鼓励你并且让你在前进的路上为自己负责？

第九章

人生投资组合

高地公司覆盖了我的大部分财富咨询业务，它的目标是让每一位客户都“充实地生活”，并将财富目标和人生目标结合起来。当你已经重新定义了成功、确定了你的核心价值观，并开始认识到自己的最高使命时，你就已经开始为投资人生奠定基础了。生命只有一次，为什么不让它变得无比精彩呢?

实事求是地对你目前的财务及生活环境进行审查，你将开始发现找寻人生目标和更深刻意义的新途径，并找到能够衡量自己进步的工具。一旦你了解自己人生投资组合的各个组成部分，比如金融资本、职业资本、社会资本、体验资本、生理资本、智力资本和精神资本，你就会明白应该把注意力集中在哪里，并做出重大突破。当你的人生与金钱目标变得一致时，你就会理解“充实地生活”对你到底意味着什么，并且能够回答这个问题：“金钱的意义是什么？”

大约在一年前，高地公司聘请了一名新的首席顾问。他之所以被高地公司吸引，部分是因为高地公司“让金钱与人生目标变得一致”的概念。他加入时，我正对自己的人生经历感到无比兴奋，因为我在充实地生活，指导财富创造者有关财富与生活的事务，并见证着自己的梦想在精彩的人生中成为现实。同我聊过我的内心治愈与发现之旅后，新顾问问了一个简单的问题：“你想过指导高地的团队如何‘充实地生活’，让我们在自己的人生中变得更为明智、更有能力吗？”当时我意识到自己太过专注于自己的旅程，却忽略了与团队分享学习和见解！每个人，无论他们在创造财富的哪个阶段，都可以学习如何从充实生活中受益。

充实地生活

“充实地生活”是一个吸引我多年的概念，对不同的人有不同的意义。对一些人来说，它具有负面含义，比如，“我有太多的事情要做，我已经满负荷或超负荷了”。或者他所说的“满负荷”的意思，就像你的整个身体在一顿美餐之后的感觉：被完全满足。对另一些人来说，“充实地生活”的概念对他们似乎完全陌生，因为他们从未仔细思考过他们想从人生中获得什么，或者他们不相信自己可以选择生活得更为从容。

有些人知道他们想要一种完全不同的人生结局，但却陷在了日常的生活琐事或一份薪水不错但没有成就感的工作中。另一些人则由于风险规避、焦虑、与伴侣步调不一致或其他任何让生活变得“静默”的原因，限制了自己过上充实生活的能力。很多人意识到自己活在“梦”中，但仍然没有感到满意或满足，另一些人拥有一个粗糙但宏大的希望与梦想的大概轮廓，但却没有得到过多的关注或评价。或许你正生活在由别人定义的充实生活中，感受着来自社会或人际关系的压力，做着你“应该”去做的事情。

财富创造者经常会说，一旦他们获得了一定的财富，他们就能充实地生活了。但由于他们所有的精力都集中在工作上，以至于从来没有时间去探索一份精心设计的人生投资组合中的其他组成部分。

如果你曾经有“必须拥有更多”的想法，那么你不是一个人。生命只有一次，而我决心积极参与，让生命过得更充实。我一直在努力更好地理解、体验并最终塑造充实的生活。在发现充实生活种种好处的过程中，我意识到这建立在我们对财富广阔而全面的认知上，包括你对金钱、你是谁、拥有什么、享受什么、渴望成为什么的认知。总而言之，它体现了你人生的本质——你的目标、遗产、贡献和与他人的关系，当这些都紧密地结合在一起时，就会产生满足、希望、欢乐、和平与爱的感觉。我相信，这就是人类旅程的神圣目标。

对于财富创造者而言，充实地生活意味着将财富和个人生活目标结合起来。正如我们在第七章中讨论的那样，当你将财富用于创造有意义的和有目标的人生时，请了解并信奉自己最重要的价值观，这将为你的人生之旅指明方向。而在探索了你认为正确的事情并开始了解自己的独特贡献（第八章）之后，是时候建立你的人生投资组合了。

多数财富创造者都了解金融投资组合的概念：一组包括股票、债券、共同基金、大宗商品和许多其他类型投资工具的资产组合。组合中的投资工具经过仔细的筛选，从而反映特定目标、降低风险，并最终确保良好的财务结果。我喜欢将金融投资组合的概念应用到人生中，称之为“人生投资组合”。那么你的“人生投资组合”拥有哪些资产？你将如何利用这些资产去过充实的生活并最大化你的人生回报？

积累七种资本构建人生投资组合

有一种看待人生的方式是把它看作你富有和丰裕的表现。正如多元化投资组合包含不止一只股票一样，财富不仅包含金钱，它还包含各种附加的内部和外部属性。“外部”财富不仅包括你的金融资本，还包括职业资本、社会资本和体验资本。

而“内部”财富则包括生理资本、智力资本和精神资本。为了打造并过上最不平凡的人生，你必须首先审视并珍视这些独特的资产。

你可以在人生投资组合中投资的七种“资本”如下：

- 金融资本（金钱）
- 职业资本（工作）
- 社会资本（人际关系）
- 体验资本（娱乐）
- 生理资本（健康）
- 智力资本（思维）
- 精神资本（目标）

金融资本

金融资本包括你的实际货币资产以及与之相关的现实、情感和生理上的利益。金融资本并不一定与你投资账户的余额多少有关，但一定与更大的金融蓝图所表达出的人生经历相关。例如，自由程度、内心平静、自信、满足、价值观的一致性、影响力、朴素或慷慨。

在我的人生中，我和妻子正享受着日益增长的财务自由，因为我们的孩子已经走出家门，接受了教育并成立了家庭。我们已经度过了养育家庭的高峰消费期，进入了一个新的阶段，这个阶段中的财务优先级既有趣，又具有挑战性。我对金融资本在人生组合中的运作方式感到比以前平和多了。然而，在生活方式的需求和愿望之间，以及我想要成为一个慷慨大方的优秀理财者之间，仍然存在着一场具有挑战性的拉锯战。

职业资本

职业资本代表“工作”，无论你是否通过工作赚钱。我喜欢把工作定义得非常宽泛：一个实现个人成就的机会，能将你的才华、技能、有意义的贡献和成功的潜力结合起来；一个让你有高度情感投入的地方；一个你满怀激情去相信的使命或愿景。

在过去的几年里，工作一直是我人生的成长领域。我投入了大量的时间和精力在财富管理业务的继承规划上，并构建了一个全新的指导财富和人生的平台。我知道工作中的这一新的篇章直接与我生命中的一个更高的使命联系在一起，无法想象还有比这更有意义的事情。然而，尽管我知道这些，在内心深处，我仍然感到不安，因为我可能面临失败，也担心他人的看法。

社会资本

这只“股票”代表了你与家人和朋友积极的人际关系、所居住的社区的活力以及人脉和影响力的范围。人际关系是真正的“财富”中的一个重要组成部分，是快乐的源泉，也是日常生活的希望之源。

妻子与我已经认识到，我们的社会资本在过去几年曾遭受了一些损失。子女、他们的伙伴、各种学校活动和体育赛事等，都为父母开展和培养人际关系创造了自然的社交环境。但随着子女的离开，社区似乎在这个变化的时期变得比预期中更小。

建立人际关系的机会不再唾手可得，此时我们已经认识到有意识地“投资”人际关系的重要性。于是我们投入了更多的时间和精力，定期与朋友和家人联系，让社会资本保持在一个健康的状态。

体验资本

体验资本的另一个名字是“娱乐”。对孩子们来说，玩耍就像呼吸一样自然。但成年人经常因为无用而放弃这种创造力和快乐的自然表达。与职业资本不同，我们开展这些活动不是为了获胜，而是为了获得纯粹的享受和乐趣。体验资本包括旅行、冒险、爱好和个人兴趣，比如学习画画或演奏乐器。

我个人喜欢“玩”股票，并为之认真工作以增加我的体验资本。在很多不同的体验中，我选择成为一个初学者，比如在我儿子们小的时候教他们打棒球，上吉他课，以及最近学习划船。从我开始在划船上投入时间、精力和金钱到现在已经 5 年了，我在划船方面的技能稳步提升。这是自然之美和水上运动的神奇结合，需要健康的身体和友爱的团队。对这项运动技术特点的不懈追求已经成为一种激情。一年前，我加入了一个厉害的团队，团队中的许多人已经划船几十年了。现在我每个星期都有 3~4 天的清晨会加入他们，去做我真正喜欢的事情。

生理资本

这只“股票”代表着身体与情感的健康。保持身心健康是充实生活的重要组成部分，尤其是在财富创造者的寿命越来越长的情况下。拥有健康的经济来源固然很好，但如果你没有健康的身心来享受财富，那又有什么意义呢？生理资本包括身体健康，比如充足的营养、力量、保持健康的体重和规律的运动，以及情绪健康，比如正能量、感恩、快乐和对生活的满足感。

因此，我把生理资本放在首位，照顾好自己的身体并时刻注意自己的情感需求。我的身体状况良好，而且觉得自己比以往任何时候都更强壮、更健康。我把这归功于高强度的划船训练。同时，我也在孜孜寻求一些建议，去处理自己因人际关系面临挑战而产生的持续焦虑。我还努力与真正了解我的人建立牢固而持久的友谊，他们了解我想要实现什么，以及我在挣扎与害怕什么。被人了解是我们共同的深层需求之一，而我已经认识到这对我的情感健康是多么重要。

智力资本

智力资本指的是你的“思维”储备：大脑会产生我们对世界的每一个想法、行动、记忆、感觉和经历。投资自己的思维，包括你的学习、成长和认知水平，并发展成多元的思维模式。

当你的生活不再受到挑战，不需要去学习和成长时，生活就变得好像自动驾驶一样简单。精通任何领域的风险在于，我们的大脑需要新的挑战，当我们学习新事物，不断提高自身且不自满时会感觉更好。

例如，我此前从未写过书。价值输出对我来说是一个全新的领域，我也在写作的过程中不断受到挑战。出版发行对我而言像是一条陡峭而蜿蜒的道路，无论是组建一个支持我的团队，还是梳理术语和写作预期，对我而言都是一个全新的征程。但我仍然深深着迷于出版业务、截稿日期、公众承诺、公共关系平台和封面设计等事物，并学到了很多东西。增加对智力资本的投资，帮助我开始了一个全新的冒险之旅，并且已经产生了巨大的回馈。

精神资本

我认为这只“股票”就是我们的人生“目标”，是我们对内心深处信仰的投资，也是与更高的力量或比自身更伟大的事物的联结；与我们的核心价值观一致并且是核心价值观的表达，也是你将留存于世间的遗产。精神资本可以视作人生投资组合的基石，因为它告诉了我们人生投资组合中做出各种选择的“原因”。

深深吸引我的人生的冒险之旅，让我们具有对更高力量的勇敢信念，这种信念植根于人生深刻且有意义的目标。我相信，我的故事与经历为我创造了独特的条件，让我能够帮助财富创造者找到通往真正富有生活的道路。对我来说，这是一种使命和目标，丰富了我的生命。随着生命旅程的展开，我在信仰中不断成长，能够看到更深入体验慷慨的新机会，并找到新的方式去祝福别人的生活。

建立人生投资组合的五个步骤

现在你已经了解了组成人生的七种资本，是时候评估一下你的资产了。投资人生以获得最大化的回报需要通过五个步骤建立自己的人生投资组合：

- 评估你的生活
- 了解你的**金钱保障**
- 对各种选择进行**研究**
- 设定**价格目标**
- 与**基准**相比较

这些步骤对任何建立过金融投资组合的人来说应该都很熟悉。也许在采取任何具体行动之前，你想先读完建立投资组合的整个过程。但如果你精力充沛，希望马上开始，那就去做吧！无论你是想现在还是之后去执行这些步骤，重要的是请在头脑放松和平静的时候再进行这项工作，比如在一个不用操心下一个工作项目或为女儿找到去乐队练习的便车的时候。请允许自己有意识地把忧虑放在一边几分钟，在这个过程中充分投入你的精力。

开始之前，请先进行评估：按照 1~10 的等级划分，你为今天自己“充实地生活”打多少分？一开始你可能很难理解什么是“充实地生活”，尤其是它对你来说意味着什么。但对比现在和之后对自己感受的评估会非常有趣，所以请花一分钟给自己打个分数。

评 估

这就像购物中心的地图上有个箭头，上面写着“你在这里”一样，知道自己从哪里出发和知晓目的地一样重要。在旅程真正开始之前，我们必须首先审视目前所处的位置。我们已经在第七章通过价值观调查问卷开启了评估的过程。了解自己最看重的价值观是组建人生投资组合的重要基础。事实上，有关金钱和人生的每一个选择都应该建立在这些价值观的基础之上。

我经常把金钱和人生的交汇点称为“财富交易所”，类似于投资交易的纽约证券交易所。财富交易所就是金钱与人生产生联系的地方：工作、健康、娱乐、学习、人际关系以及目标。

要想了解你现在处于什么阶段，第一步就是进行全面的人生评估。当你思考现在的人生时，请给自己的满意程度打分，在每一项中打上 1、2、3（低、中、高满意度）。不要过度思考你的答案，只需写下你自然想到的任何答案（见图 9.1）。

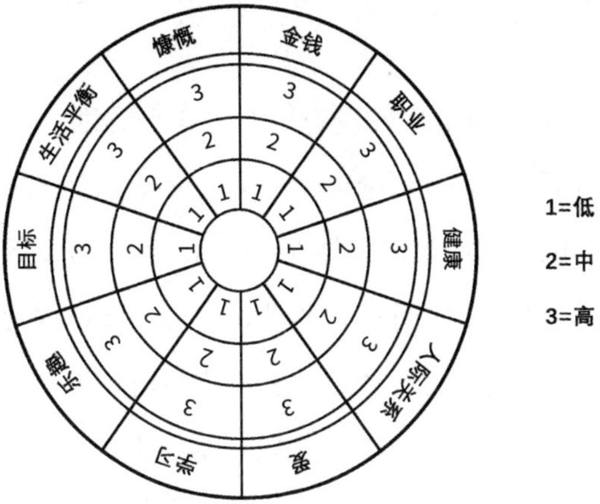

图 9.1 “充实地生活”调查

在给每一类别打分之后，你将如何总结你如今生活的整体满意度？答案是低、中还是高？你是否在某些方面感到非常满足，但在另一些方面则感到完全不满足？这其实是一次很有价值的自我意识练习，能让你发现什么对自己有用，哪些地方可能存在潜在的问题。

将每个点连起来，形成的图形便代表你此刻的人生故事。我们经常把大部分时间和精力集中在两三个方面，从而忽略了“充实地生活”的其他重要方面。也许你已经发现，在你的评估中，只有一两项的满意度被评为“高”。“低”或“中”选项里你最想改进的是哪一项？如果你现在对健康的满意度是

“低”，而你想提高自己的整体健康水平，那么这会是一个你可能想要投资的类别吗？如果“爱”这一项是“中”满意度，而你想从亲密关系中获得更多的爱，那么这便是你应该关注的领域。

我希望你能圈出比较吸引你的 1~3 个类别。当我们完成“充实地生活”框架并开始构建一个人生投资组合时，请记住这些类别，因为这些是你需要投入更多时间和资源的领域。一名教练或许能帮助你设定一个进步的目标，并在改变的过程中对你负责任。当你在某些类别中获得进步时，可以再次回到这个练习并找到需要改进的其他领域，如此往复。

或许你有很多类别的得分比你希望或预期的低，但请不要因为目前的情况而感到沮丧。有的时候，生活中很多方面就像印第赛车的轮胎一样运转良好；但另一些时候，你的能量水平低、和朋友疏远，财务生活又导致了诸多焦虑。如果是这样，也请欣然接受你目前的状况。不过，请让自己保持好奇：为什么你会对生活产生这种感觉？

就像我分享的关于我如何活得更充实的故事（第一章）一样，事业、生活平衡以及寻找更大的目标是我早期探索阶段的目标。我知道自己对工作现状并不满意，想要获得一定程度的自由和创造力，但在没有创办自己公司的情况下是无法实现的。当时我的生活失去了平衡，就像给轮胎打气一般，我想把气打进需要关注的特定领域，比如投资到与妻子和子女的关系上以及追求自己的兴趣爱好上。我还希望能在日常生活中真正体验更大的目标，比如某种信仰或精神之旅，这种感觉非常冒险。

卡米是“投资你的人生”（Investing Your Life）研讨会的一名与会者，她分享了自己“评估”人生的经验：

> “评估”这部分内容对我来说超级有意义……它让我放慢脚步，反思我所处的位置。对我来说，20 多岁的时候，我一直在取悦他人，并试图弄清楚我想成为什么样的人。现在，我已经 30 多岁了，我意识到人生其实是一段旅程，我不需要把一切都搞清楚。一切事物都可以改变，我无须做其他人正在做的事情，也无须做他们希望我做的事情。决定权在我，不在别人。我认识到恐惧是把我带回这个点的元素，这是一件好事，比我所能意识到的还要好。

在评估自己所处的状况时，请思考以下几个问题：

- 你能够让自己去过精彩纷呈的人生吗？平庸的人生是否让你觉得更安全？
- 你现在处于人生的哪个阶段？此时此刻你正面临哪些机遇与挑战？
- 你希望自己人生中能够真正去经历、去做、去看或去创造的大事是什么？

- 是什么阻碍了你，让你分心或者让你活得比想象中谨小慎微？

需要注意的是，不是每个人都做好了准备或者希望改变他们人生中的一些事情，这没关系。我不是来羞辱或评判你现在没有采取行动来改善生活。你可能会觉得，首先进行自省和认知是这个阶段你所能做的全部探索。也可能是这些痛点还不够严重，不足以激励你做出任何改变。

你现在可能还处在舒适区，因为这些是你已经熟悉的生活。在这个环境中，你可以很有把握地知道生活将会带给你什么，即使你内心希望得到更好的东西。当你进行评估时，我希望你能有向前冲的势头，就像在橡皮筋断裂前将其拉回时的状态一样。“评估”你的人生就是点燃你动力的燃料，让你朝着更充实、更有意义的生活前进。

金钱保障

理解和构建你人生投资组合的下一个重要步骤是，诚实和彻底地审视你的金钱保障。这一步需要从衡量你财务基础（现金、投资、房地产、债务）的规模和健康状况开始，再计算你人生的财务公式是否可持续。换句话说，你的年度支出和生活方式的选择是否与你的收入来源一致？什么样的投资和储蓄目标将确保你未来的财务健康？或许你已经在第一章中通过计算你的财务“满足点”开始了这个过程。

如果你已经与理财顾问建立了良好的关系，那么可以在理财顾问的帮助下进行这个练习。如果你目前没有指导老师，可以在网上找到各种工具和资源（参见附录）连同本节最后列出的几个问题来帮助你。

健康的金钱保障对人生投资组合至关重要，因为它是你实现重要事情的关键能量来源。它代表了你对财务的信心。你的金钱保障会增加、放大，甚至扩展到可能的边界。假设你人生投资组合中的每个组成部分都是一只单独的股票，那么根据你的人生选择，你可以增加对你最重要的股票的投资配置。你的时间、经历、思想都将是你对这些“人生股票”的投资，但金钱依旧在这里扮演了重要角色。

金钱的供应对“充实地生活”至关重要，因为如果金钱对你来说意味着不确定性，并让你过度焦虑，那么你将很难去评估所面临的机遇和享受生活的其他方面。当我让你梦想人生中令人兴奋的不同选择时，如果被金钱问题分心，你便无法完全投入我们的对话中，或者在不清楚自己经济基础的情况下耗费诸多情感能量。就像进入泳池却不知道池底在哪里一样，如果无法确定自己的金钱保障能力，就不会产生蓬勃的信心。

我指导过一名非常成功的医生，在与他的谈话中，我们讨论了他因为健康问题而面临的过渡性决策，当时的健康状况几乎夺去了他的生命。因此，他对理想的生活质量和希望他自己怎样度过人生比以往任何时候都更加敏感。尽管没有病入膏肓，但他已经把每一天都当成最后一天来过，因此只把时间花在那些与他最看重的价值观念相符的事情上。（这是一个我们都可以借鉴的方式，因为每个人实际上都得了“绝症”。）子女显然被摆在第一位，因为他想做一名积极的、能够陪伴孩子成长的家长。

职业生涯是他获得人生满足感的关键部分。他曾在一家国际知名的医疗中心担任高级职位多年。不过，他已经准备好迎接任何变化，这种变化也许会重新点燃他对医学的热情，让他以一种全新的方式工作。当我和他探讨职业选择时，很显然他对我们所聊的方案很感兴趣。然而，他在情感上陷入了困境。虽然他希望自己全身心地投入练习中，但我能看出似乎有什么东西在阻碍他。

过往的经验告诉我，解决问题的关键也许是请他明确自己的财务状况。了解自己的金钱保障程度可以让你站在更高的地方思考生活，减少一些恐惧和不确定性。于是我们开始计算他在各种可能的情况下的财务独立水平，让他更清楚地了解自己的财务情况。此前，他一直在以一个金融外行的错误视角对可能发生的事情做出各种假设。一旦他有信心相信自己的金钱保障足以应付未来，他就能够扩展思维，并思考事物的可能性。

这个过程就好似我在允许他做梦一样。

正如我们在第四章所讨论的那样，理解金钱对你人生选择产生的情感影响，以及金钱如何增强或放大甚至有时模糊你的现实情况和决策能力也十分重要。人们看待金钱的方式会产生情感影响，进而直接影响你的行动、行为和决定。既然每个人都和钱有关系，那么我们与金钱的关系要么是健康的，要么是病态的，要么你还没有意识到自己有钱。通过了解自己的富足程度和管理能力，你可以有意识地识别对金钱的行为反应，如满足、控制、关注和谨慎。

人们很容易陷入受害者式的默认反应，比如："如果我有更多的钱，我就会……"出于察觉或真正缺乏资源，人们通常会暂时搁置自己对人生投资组合的期望。尽管你的资源水平与制订人生投资计划和选项有关，但我建议不要用你对最近金钱保障的满意（或不满意）程度作为拖延行动的借口。请记住，金钱是一种支持和实现重要生活成果的手段，但不是目的本身。

以下问题将为你的金钱保障情况提供额外的分析要点：

- 你认为自己生活在一个富足的还是匮乏的地方，为什么？
- 对你来说，多少钱才算"足够"？你如何定义财务成功？（请诚实且具体地描述。）

- 金钱在哪些方面放大或削弱了你的人生、梦想、选择、自信与自由？
- 你会如何描述你与金钱的关系？（健康的、有分歧的或是深受其害等。）

如果你仍然在创造财富的过程中，但还缺少足够的资源来支撑自己的目标，那也没关系，让自己休息一下。利用你现有的资源，去了解金钱如何影响你的情绪，这将给你带来充足的火力，带你走向创建人生投资组合的下一步：研究意义和目标所在。

研 究

目前你已经知道自己处在哪个阶段、你希望重点关注的人生领域，以及自己的金钱保障是否处于健康状态。那么现在你需要了解的是，是什么点燃了你心中的火焰？自己在意什么？什么是投资人生能量的最佳选择？就如同投入资金之前对股票、共同基金和其他投资项目进行完全彻底的研究一样，请花时间审视“我的人生是为了什么”，因为这一点至关重要。这个问题的答案将指导我们决定如何投资时间、天赋、精力、金钱和其他资源。第七章所讨论的核心价值观为发现你的目标和使命提供了一个起点。就我的经验而言，这些价值观会体现在你的主业或副业中。因为无论是否获得报酬，你的工作贡献就是承载价值观的巨轮。

对受雇于亚马逊的财富创造者苏珊来说，工作一直是她高度重视的东西。她享受在追求挑战和努力工作之后的收获。作为发明世界级的产品并将之推向市场的团队中的一员，能够组建并领导有才能的团队并成为职场妈妈的导师，苏珊对自己取得的成就感到无比满足。但最近，在她庆祝自己 40 岁生日时，人生中的其他部分开始占据她内心的优先地位。

“那些最符合我价值观的工作内容比以往任何时候都更能激励我前进，而且我价值观的重心放在了家人、与自然和社会的联系、发现并激发出人们最好的一面、探索新的挑战、尝试并找出如何更好地服务于人们的产品、找到令人兴奋的新事物、活在当下并相信直觉去做事上。换句话说，就是如何在我所做的一切中创造价值。”

特雷弗是一位非常成功的企业家，他几乎是一时兴起创办了一家科技公司，并用了 5 年时间开始赢利。他拥有的资源比他自己想象的还要多。他是几家公司的董事会成员，无须再为收入而工作，他致力于慈善组织，同时他还是一个好父亲。尽管这些头衔和事务都很精彩，却无法激发他对生活的热情，无法激励他在星期一早上从床上爬起来。特雷弗一直十分纠结，认为自己缺乏使命感，不确定该如何前进。他给自己找了很多事情做，因此没有时间让自己慢下来去真正思考什么才能给他的人生带来快乐、目标和意义。

我相信这是财富创造者共有的困境，他们通常把生活填得太满，以至于没有任何思考的空间，更不用说在人生的方程式中去添加任何东西了。因此，要学习有意识地在你的生活中创造空间，而不是由不适和压力来填补真空，这是一项需要训练的优秀技能。而你所创造的开放空间，可以用来反思人生，这对你而言是极有价值的时刻。作家兼演说家鲍勃·戈夫曾勇敢放弃了他之前的律师职业，转而去寻找一个更高的使命。现在的他习惯性地寻找那些在他人生中已经完成其使命或不再起作用的事物，为新机会的形成创造空间。

想要理解人生的意义和目的，就需要不断发现，有意识地对自己做“尽职调查”。而这份“尽职调查”的大部分内容则是“内在工作”，多数人都不知道如何去做，或者从未花时间去思考，因为生活很忙。出于这个原因，这项工作一开始可能会让人不舒服。但是，就像发现并投资一只被低估的股票可以获得巨大的利润一样，冒险去探索真正能给你带来快乐的事物也会让你收获很多。因此，请想象自己是一名研究人员，正在挖掘可能隐藏的目标数据。

当我最初自己研究这些问题时，寻找答案的过程十分艰巨。我需要一名导师指导，他可以倾听我处理生活各个层面的问题，帮助我调整思维，反思我所说的话。因此有时候，我们需要另一个人在我们的人生中举起镜子，让我们看到自己无法看到的东西。一个可靠的伙伴可以让我们挑战自己、继续探索，让我们不会错过近在咫尺的战利品；可以鼓励和认同我们，让我们相信自己可以体验到比现在更丰富、更有意义的东西。

与财富创造者讨论的过程，就像在他们人生中充满激情和目标的地方徘徊一样，因为他们的眼睛闪着光亮，脸上挂着微笑，整个身体都在释放能量，仿佛在说："这对我很重要。"每当我看到或者感受到这句话，哪怕是从他们上升的音调和音量中得知时，就会把所看到的反馈给他们，这个过程就好像将灵魂释放出来。尽管被人看到这样的自己会感到尴尬，但我相信，我们本能地知道人生中的这些领域是神圣的。

如果你已经完成了第八章中探索你"最高使命"的问题，那么恭喜你已经完成了建立人生投资组合所需的基础研究。如果你还没能投入时间和精力去探索你的最高使命，那就用下面的问题作为初步评估，就像把手指伸到空气中去判断风的方向一样。

请思考并回答以下问题：

- 金钱不是目的，而是一种手段，一种实现重要事情的手段。那么对你来说什么是重要的？
- 对你来说工作中最重要的元素是什么？你是否得到了报

酬？你为了什么而工作？你对工作的定义是什么？你是如何通过工作实现个人价值的？

- 如果你知道自己不会失败，你会去做什么？
- 哪些事情能让你忘记时间或者激发出你最优秀的一面？

以上问题连同第八章中问题的答案都将帮助你认识生活中最充实和最令人兴奋的领域。了解自己最大的快乐所在就像看到了指南针上的箭头，为你指明了让你发挥出最大能量、做出贡献并实现意义的领域。

价格目标

多年前，当我还是一名证券经纪人时，我经常会给陌生的潜在客户打电话，给他们讲我们当天推销的投资故事。我只有30~60 秒的时间去吸引对方的兴趣，而销售过程的大部分内容是强调客户可以赚多少钱，换句话说，就是表述他们对这项投资的预期轨迹是什么。“史密斯先生和史密斯太太，我们的分析师对这只股票的评级是‘买入’。因为根据研究，我们认为它将在未来 12~18 个月内产生 35% 的回报。”

了解股票的目标价格是制定预期中很重要的一部分，否则你就无从得知这是不是一项良好的投资。同理，我希望你有意识地为人生的选择制定目标（我称之为“理想结果”）。老话说："如果你不知道去向哪里，任何路都会让你到达那里。"在金融投资组合中，只有知道目标回报，才能选择合适的投资项目来实现这些预期。这同样适用于你的人生投资组合：制定目标将帮助你踏上通往理想目的地的道路。实现理想的副产品是快乐、平静、满足，那种感觉就像股价上涨，你从投资中获利。

我最近与马克共进了午餐。马克也是一位财富创造者，他已经从星巴克退休，并且在漫长的职业生涯中赚了一大笔钱。我问他："你现在过得充实吗？"他给了我一个爆炸性的回答："真糟糕，并不！"我问："为什么？"理智地说，他明白自己的生活有多美好，但内心却并不喜欢这些经历。尽管他有足够的钱来保障家庭未来的财务状况，资产的价值也在不断上升，但他仍然对自己的生活感到极度焦虑并觉得人生并不富有。他丧失了对任何营利性和非营利性组织的信心，正在与一种极度悲观的认知做斗争，认为人生毫无意义。在之前的对话中，马克曾说他理想的人生是实现时间自由，然而他现在拥有了时间，却缺少了目标。生活没有意义和目标，这让他感到无比迷茫。

几年前，我曾在我所在的教堂组织了一个名为"起源过程"的男子团体，这个组织中的其中一个问题对我设置人生目标很有帮助，这个问题是："如果你能利用上苍的恩赐做任何事，给自己带来快乐和满足，你会选择做什么？"我列出了几件事，比如，通过演讲与写作，就财富和人生交叉时面临的机遇与挑战进行价值输出；指导有钱的夫妇找到人生更深层次的意义和目标的能力；与妻子在一个凉爽的地方一同建造一个婚姻和人际关系修养恢复中心；帮助和支持参与“起源过程”项目中的男同胞。当时这份目标清单既令人却步，又让人兴奋。而当我最近打开那本旧工作手册时，我惊喜地发现，虽然没有完成清单上的全部内容，但我正走在完成上面大部分内容的道路上。因此，设定清晰和有目的的目标是一种强大的力量。看到自己的人生正无意识地朝着这些目标前进，是一件令人愉悦的事。

我并不认为人们有意识地将目标定得过低，但就像马克一样，我们会知道什么时候目标不够高。因为我们会因人生经历不够丰富而感到挫败，也会因为在一只太过平稳或没有太多上涨空间的股票上浪费过多时间而后悔。

请思考并回答以下问题：

- 成功对你来说意味着什么？（请从个人、工作和财务角度出发。）你能否量化预期的回报？
- 假设你拥有了你需要的所有财富，你也知道自己会成功，那么你会做什么不同的事情？（从人际关系、工作、社区、健康、经历和精神角度出发。）

- 展望未来 5 年或 10 年，想象我们坐在一起喝咖啡，你会向我讲述生活有多美好。那么是什么让你对生活有这样的感觉？
- 描述一下你对未来最向往的愿景。你的憧憬是否会吓到自己？如果没有，是因为这个愿景不够宏大或不够令人兴奋吗？

基 准

金融市场的不确定性和新信息的不断涌现都让我们对某项投资或资源配置方式的最初预期受到挑战。根据基准或指数去评估你的投资组合可以拓宽视野，在必要的时候提升投资过程中修正的能力。例如，如果你投资的某只股票的股价上涨了 5%，但美国股市同期的整体回报率为 15%，在这种情况下你就可以参照基准数值来决定是继续持有还是抛售转持。基准是一个重要的衡量工具，用来了解你人生投资组合的各个组成部分并识别哪只“人生股票”需要额外关注或做出重大改变，以提高充实生活的投资回报率。以下的评估测试为我们提供了衡量人生投资组合中哪些资产表现良好、哪些表现不佳的方式。

我的人生投资组合评估

回顾一下构成你人生投资组合的各类资本，并思考你现在所处的阶段以及当你“投资”人生各个领域时想要达到的位置，然后完成人生投资组合的评估（见图 9.2）。

- 金融资本（金钱）——自信、自由、平和、简单、慷慨、满足、价值观一致、影响力。
- 职业资本（工作）——有意义的贡献、高度情感投入、获胜的潜力、天赋和技能、个人成就、对使命和愿景的激情。
- 社会资本（人际关系）——家庭、朋友、社区、人脉、影响力。
- 体验资本（娱乐）——乐趣、爱好、兴趣、冒险、旅行、纯粹的享受。
- 生理资本（健康）——身心健康、体能、感恩、幸福、生活满意度、正能量。
- 智力资本（思维）——持续学习的能力、好奇心、个人成长和发展、意识、丰富。

- 精神资本（目标）——信念、更高的力量、深入人心的信念、核心价值、生命的意义、遗产。

请花点时间回答下列问题，按照1~10分给自己打分（1表示最低，10表示最高）。

- 评估一下你的整体财富情况，不与任何人做比较，你会为自己目前的金融资本打多少分？

  1-2-3-4-5-6-7-8-9-10

- 评估一下你的整体工作情况，不与任何人做比较，你会为自己目前的职业资本打多少分？

  1-2-3-4-5-6-7-8-9-10

- 评估一下你积极的人际关系情况，不与任何人做比较，你会为自己目前的社会资本打多少分？

  1-2-3-4-5-6-7-8-9-10

- 评估一下你的人生经历与乐趣，不与任何人做比较，你会为自己目前的体验资本打多少分？

  1-2-3-4-5-6-7-8-9-10

- 评估一下你的健康状况，不与任何人做比较，你会为自己目前的生理资本打多少？

  1-2-3-4-5-6-7-8-9-10

- 评估一下你的思维和智力情况，不与任何人做比较，你会为自己目前的智力资本打多少分？

  1-2-3-4-5-6-7-8-9-10

- 评估一下你的目标与精神情况，不与任何人做比较，你会为自己目前的精神资本打多少分？

  1-2-3-4-5-6-7-8-9-10

为什么给自己这样的分数？

你可以做什么来提高各个领域的成绩？

图 9.2　我的人生投资组合。

经过以上评估，你的分数如何？是否有惊喜？通过你在每只“人生股票”上的得分，以及相加起来的总分，你就能了解到哪只“人生股票”表现不错以及自己人生投资组合的整体状况。同时，你也能迅速发现哪些部分需要更多关注。

现在请回顾一下我们在第七章提到的价值观调查问卷中你写出的 5 个“最重要”的价值观，再回顾一下上文提到的价格目标的问题，同时思考一下你对理想未来的愿景。在最重要的价值观、想要在理想的未来中实现的事情，以及能够帮助你实现理想目标的特定人生资本之间，是否存在交叉领域？

例如，假设你给“健康”这只“股票”的评分是 6 分（满分 10 分），因为你认为健康是你最重要的价值观之一，而且你的理想目标是明年去跑马拉松，这便是一个很好的关注点。因此，你可以写出一两件你会做的事情，提升这一类别的分数。但在这一类别中直接打 10 分似乎不太合理，但或许你希望明年达到 8 分。这时候问问你自己：“在接下来的一年里，我需要做些什么才能从 6 分变成 8 分呢？”

你可以对自己人生投资组合中每一只得分低于自己预期分数的“股票”进行这样的评估。你会觉得某些“股票”表现优异，比如职业资本获得了 8 分，那么你会乐见其成。即便有些领域你不希望或者无须做出任何调整也没关系。

想要评估人生投资组合的整体情况，就需要把每只“股票”的得分相加，最高分是 70 分（7 只股票，每只 10 分）。假设你的总分是 49 分，那么你的人生投资组合的整体评分按照百分比计算为总得分的 70% 或是“C–”，你会对此产生怎样的感觉？这是一个需要依靠直觉回答的问题，因为你或许不想投入更多经历以试图获得高分。但我希望你想要得到更多，并且你能够根据这些问卷了解到所有可能性。如果你确实期待更大的人生回报，设定目标后选择一两个领域多投资一些会不会更好？在长期人生投资组合的评估中，如果能获得“A+”自然是很好的，那么你需要做些什么才能让自己朝那个方向发展呢？以理想的结果作为最终目标去评估自己的想法与进步，并用上面这个工具作为指南针来帮你确认自己处于正确的方向。

为了让你了解这些工具和想法如何在你的生活中发挥作用，让我们通过人生投资组合的过程，跟随一个有抱负的财富创造者，看看她的旅程。31 岁的阿什莉来自明尼阿波利斯，是一名财富创造者。她觉得自己在事业、财务和人际关系上都陷入了困境；她的人生似乎落入了比预期更低的轨道，这令她无比失望。慢慢地，由于自己过着一种因条件匮乏而感到担忧的生活，并且受到丈夫在经济上和情感上的影响深感颓丧，阿什莉积聚了一些对自己和别人的怨恨及愤怒情绪。她的丈夫很难长期做一份工作，也无法对他们的未来做出有意义的贡献，她需要独自一人坚持下去并追求经济和事业上的成功。而无论是在家还是上班，她都要照顾好身边的每一个人，总是把自己的需求排在第二位，这让她感到“压力山大”。

她成长于一个金钱压力较大的家庭中，父母没能树立一个健康金钱关系的榜样。因此，在成长过程中，阿什莉经常听到的是：“如果想要钱，你最好有个该死的好理由！”对她来说，金钱等同于经济和情感上的安全与稳定。她打算嫁给金钱，从而终结因缺钱带来的恐惧。

不出所料，阿什莉与金钱的关系十分复杂。她生活中非常节俭，对自己是否拥有可以攒到足够的钱的能力感到担忧，常因为害怕做出错误的选择而对涉及金钱的决策犹豫不决。她常常过度思考和过度分析经济方面的机会，从而导致自己产生怨恨情绪，尤其是当她错失一些有意义的经历，而不得不在牺牲的名义下选择其他廉价的替代方案时。她控制欲强，更容易做出令人感到安全的决策，这与她通过创业迅速积累财富的现实形成了鲜明对比。

当阿什莉开始了她的自我发现和反思之旅，换句话说，她开启了我们在第七章、第八章和本章中讨论的内心世界之旅时，她希望自己对待人生和金钱能够更加开放，并意识到自己必须停止试图控制一切人和事。她告诉我，一旦决定了深入内心去理解、治愈和改变，她就会有一种无法抑制的决心和激情去完成心灵之旅。她在发现并拥抱自己被创造出来的样子，以及引导人生达到最大的意义和目的的方式。

她将自己的存在、倾听、直觉和鼓励的天赋与自己的企业家精神和战斗精神联系起来，再也不愿意将就任何事情。她深刻地总结了自己的目的：帮助女性坚持真理，并对实现真理充满信心。

她能够预见到未来的景象，让人既兴奋又害怕。阿什莉希望建立自己的事业，做自己的老板，自己做主。她梦想中的事业是帮助女性和增强女性的力量，其商业计划一定包含了慈善元素。除此之外，她有着指导 20 岁出头的年轻女性的强烈意愿，她想为她们提供她在那个年龄段曾经迫切需要和缺乏的支持。她理想的未来还包括成为一名母亲，并建立一个健康、牢固的朋友和家庭关系网络。

实现这种理想的结果是正确的，却也带有一定的风险：这将使她的弱点变多，并要求她以新的方式成长，甚至还会带来一些财务上的影响——她因未知的创业领域而放弃了一份有保障的六位数薪水。弄清自己未来最为渴望的是什么，为她带来了一种她从未经历过的高水平的合成代谢能量。

在分析和构建人生投资组合的过程中，她对未来的看法发生了巨大的变化。以前只有限制和约束，但现在却一切皆有可能。她在认识到自己有能力改变并发展后，对未来有了更伟大的蓝图，并且不再担心别人对她个人和她的选择的看法。她想要充分享受每一刻，展现真实的自己。带着对人生新发现的感激，她正体验着眼前的喜悦、自信和兴奋。

投资你的人生

通过“投资你的人生”的构架和对“我的人生投资组合”

的评估，相信你现在能够清楚地认识到你是谁、你目前的人生状况、你寻求的未来、金钱对你的影响、与金钱关系的健康程度，以及你未来旅程中最有意义和最有影响力的道路。但不幸的是，如同大多数人知道或者即将知道的那样，计划赶不上变化，即便再周密的计划也可能发生戏剧性的变化，因为意想不到的事情会发生在我们每个人身上。

想象一下，假如你正在进行一次航海旅行并且已经制定了一个特定航线，而风向和强烈的水流使船头偏离航线，这时候你就需要调整船帆和航向。指南针在航海时是一种非常有用的工具，因为它能指出回到正确航向的道路。同样地，“我的人生投资组合”评估也是一个重要的工具，为你展示了你在人生旅途中的位置，并帮助你为未来的理想结果绘制了一幅蓝图。

当你开始了解这七种类型的人生资本是如何在你的生活中运作时，你就可以调整和平衡自己的人生投资组合：或许你需要在某些领域增加投资，或许你在某些领域投入了过多的时间和精力。每过半年或一年重新做一次“我的人生投资组合”评估，准确评估自己人生投资组合的表现，或许能够对你产生帮助。

我认为人生投资游戏就如同稳定的投资策略一样，是长期战略。就像在金融市场上一样，如果你随波逐流，往往会发现多数人是错的。你是否在建立人生投资组合时过分关注短期回报，或容易受他人意见的影响？请记住，倾听内心的声音，着眼于人生更伟大的蓝图，并坚持自己的信念。

最大化你的人生回报也许会承担一些风险，那么你期望从自己的人生投资组合中获得多少回报呢？是否目光不够长远？或者你是否太过保守，错过了那些更愿意冒险的人所获得的增长和回报？金钱是有耐心的，它会因长期投资而产生复利，以达成短期投资无法企及的回报。我希望自己的人生可以在长期投资组合中实现最大化。因此，我做了长远的打算。

巴勃罗·毕加索曾说："生命的意义在于找到自己的天赋。生命的目的在于给予。"在此基础上，我想说，人生的目的就是投资你的天赋，让更多人享受它。生命的全部皆是馈赠，而不仅仅关乎金钱。人生投资组合的每一部分都是上苍给予财富创造者的天赋。我们将如何用这些天赋量化人生经历的回报？上天赐予你天赋不是为了让你只为自己的利益和享受而将它们隐藏起来的，我相信这些天赋是要你为这个世界做出独特而重要的贡献。

那么，为了获得最大回报，你会采取哪些步骤投资你的人生？

后　记
打造全明星团队

恭喜你读完了《财富创造者的七种资本》这本书！现在，你拥有了如何充实地生活的手册以及投资人生以获得最大回报的知识与框架。

也许对于一个10~11岁的孩子来说，入选少年棒球联盟全明星球队是年少时最酷的事。而执教其中一支球队便是我永远不会忘却的记忆。我们的队伍是由一群10岁的孩子组成的，他们从弱势的队伍中不断晋级到决赛，需要连赢两次才能晋级州锦标赛。我们在一轮比赛中赢了第一场，却心碎地输掉了第二场。这是我看过的如同职业赛一样令人振奋又极具戏剧性的比赛。我永远忘不了那些穿着红蓝队服骄傲地在赛场上奔跑的男孩，他们如同钻石般的眼睛里闪烁着纯粹的喜悦。他们挥舞着旗帜，裁判员穿着蓝色制服，球迷们围在四周。他们仿佛行走在水面上。

我想挑战一件事——如果你能将所获取的信息付诸行动，

那么无论在生活中还是在金钱方面，你都将成为全明星团队中的一名投资人，去评估自己的人生投资并寻找提高回报的机会。作为财富创造者，你拥有别人梦寐以求的资源优势，你肩负妥善管理这些资源的责任。无论是棒球比赛还是人生，都没有回头路可走，所以请开始充分利用你拥有的时间与机会。别让自己成为一名替补，只能站在一旁无所事事。从现在开始，请把本书置于你的书架上，哪怕是电子书架上，作为你最近阅读任务的战利品。人生没有练习赛，有的只是常规赛。我希望你手中的这本指南能被你反复翻阅、仔细标注，被你在空白处写下笔记。我希望你的灵魂试图体验一丝丝变化，甚至是彻底的转变。

多年来，通过促进一些研讨会的变革，我认识到，在敦促任何变革付诸行动的过程中，最大的阻碍其实是我们自己。如果改变很容易，那么我们现在就已经做到了。我们常常欺骗自己，只要给予自己足够的时间，改变就会发生。其实这何尝不是面对未知的防御姿态，而我们所想到的防御措施却没有要求自己承担真正的承诺与责任。事实上，很多时候我们不愿意体验更好的人生回报，是因为我们不愿意投入工作。如果你是这样的人，那么我无法帮助你。这场比赛只对那些想要成为球队首发球员的人有利。当你准备好接受挑战时，我会在这里指导你。

有时，我们的生活环境会让人觉得不知所措，我们会陷入困境、畏首畏尾、不确定从哪里开始。其实，将大问题分解成小而容易的行动步骤，事情就会变得容易开展，我们也更容易看到事物积极发展的一面，不会因缺乏进展而感到沮丧。从你的“人生投资”中选择一个或两个你想要钻研的领域，或干脆致力于“投资你的人生”进程。无论你选择做什么，实现它的步骤都应该是实际的、具有一定难度的、能够带来一定挑战性或风险性的，否则你也许无法得到有意义的回报。

当我要求我所协助的团队确定行动步骤，使他们朝着渴望的目标前进时，他们的反应比预期大打折扣。这些反应听起来好像在前进，但实际只是一些微不足道的尝试。当我请他们挑战更多的事情时，得到的回答通常是“哦，不行，那太冒险了”或“如果这样做我会被吓坏的”，那时我知道我们需要一场真正的改变了。

事物停滞不前的另一个原因是，缺乏团队的支持与责任机制。我们大多数人都缺少一个团队。在这个团队里，你的想法可以被倾听和验证，前行之路会受到鼓舞，会对自己的目标负责，可以向他人学习或受到启发，为生活设定更宏伟的愿景和更美好的成果。与我交流的人常常会说他们缺乏那种可以坦诚相待、展示脆弱的人际关系，无法分享自己在生活中的挣扎与梦想、担忧与喜悦。原因是，金钱在我们的文化里是一个如此禁忌的话题，可能会带来被孤立的影响。因此，人们总是很难公开谈论自己的金钱过往、钱商以及金钱如何影响自己的理想生活。正是出于这样的原因，我为目前雄心勃勃的财富创造者创建了一个虚拟社区，在这里他们可以寻找灵感、工具、资源，或组建志同道合的小组，集合那些认真对待财务回报的人。但更重要的是，他们可以在这里寻找真正的富有生活。如果你想了解更多有关“充实地生活社区”（Living Fully Community）的信息或想寻找更多可用资源，请访问我的网站：www.jcchristianson.com。

我相信你会拥有这一切，我也希望你现在就能看到目标。去实现它吧，因为我无法想象会有比我们所创造的目标更重要的目标了，那就是：充实地生活！

充实地生活着的

约翰

致 谢

事实证明创造财富与写书，如同人生其他值得纪念的事情一样，最好在他人的陪伴下完成。不久前我还是一名只有想法的新手作家，幸亏有我的支持者、良师益友、故事讲述者以及专家参与进来。老实说，我确实不能也不愿独自一人完成这段旅程。为所有对本书有过贡献的人喝彩！

最重要的是，我非常感谢我的妻子克勒，无论在生活上还是事业上，她都是我的伙伴、合伙人，是那个一直鼓励我的人。在过去的 30 多年中，你一直相信我，相信我想要完成的事业，给予我空间，陪伴我成长，鼓励我并让我挑战自我，让我成为更好的自己。感谢你激励我不断前行，温柔地告诉我一切都是最好的安排。我爱你！

感谢我的父母与成年的子女（和他们的伴侣），以及我的大家庭。感谢你们无条件的爱与支持。特别感谢谢利、雷、珍妮特、麦克和珍妮，希望能用本书向你们以及你们对我的人生产生的重大影响致敬。另外，还要感谢科尔滕、艾维、特雷弗、布鲁克、卡修斯、丹尼尔、瑞安。我非常爱你们，对我来说你们是真正的财富。

感谢高地私人财富管理公司的客户朋友，感谢你们允许我管理你们的财务生活和个人生活，让我有机会锻炼自己作为财富顾问和教练的技能，磨炼我的理论知识与商业头脑，让我有能力指导和管理你的财富。如果没有这些工作经验，我不会成为现在的自己。感谢你们的忠诚、信任与对我的信心。

埃米·詹姆森，感谢你的编辑与建议。只有感谢远远不够。你教会我如何把想法落于纸面，教会我如何通过不停地研判而更顺畅地写作，更深入地挖掘自己的灵魂。是你将大量信息、概念、笔记编排在一起才形成本书的。你非常了不起！你的编辑风格、强烈又坦率的观点、敏锐的眼光以及母亲般的鼓励让本书大放异彩。

感谢我的经纪人若埃勒·德尔布戈，是她决定冒险一试让我开始写作的，并且坚定地认为本书应该问世。你明智的建议与温柔的鼓励，让我比想象中更为小心地对待我的故事。你丰富的经验和对这个项目的坚定承诺是无价的。

感谢希拉里·克拉格特以及普雷格出版团队的其他成员将本书交到读者手中。非常感谢杰西卡·福克斯一直以来的支持，她耐心地推动我朝着梦想前行。感谢布兰登·詹姆森对本书英文版的封面设计和图形设计。感谢安娜·麦克莱恩的专家研究支持以及策略性思维。感谢凯文、史蒂文、苏珊娜、伊恩、洛丽对本书进行了宝贵的手稿审查与批注。同时我也非常感谢教会与赛艇俱乐部的朋友和支持者一直以来的鼓励与祈祷。

感谢杰出的高地公司团队：本·J.、本·W.、迈克尔、科琳、杰夫、杰西卡、内马尼娅、卡桑德拉、米歇尔、里克、戴夫和埃德。感谢你们在我追逐梦想时依然关心我们的客户和公司的业务。你们源源不断的付出已经深深融入了建立这家持久而独特的公司的创业之旅中。

感谢《哈佛商业评论》允许我改编我曾为该杂志撰写的一篇题为《如何与子女谈论金钱》的文章，该文章刊登在 2016 年 9 月刊上，并在本书第六章中提及。

最后，我想感谢上帝赐予我真正富有的人生，尽管它并不完美，但人生旅途中充满了美妙的祝福、机会、意义与目标。我回应了我内心的召唤并且祈祷本书能够成为帮助财富创造者把握真正人生的工具。

附　录
财务工具与资源

理财规划

美国证券交易委员会 / 美国金融业监管局（SEC/FINRA，www.investor.gov）

先锋退休基金（Vanguard Retirement，www.retirementplans.vanguard.com）

金融导师（Financial Mentor，www.financialmentor.com）

智能资产（SmartAsset，www.smartasset.com）

资产配置与投资组合管理

财富前线（Wealthfront，www.wealthfront.com）

美国新智能管理平台（Betterment，www.betterment.com）

个人资本（Personal Capital，www.personalcapital.com）

先锋（Vanguard，www.personal.vanguard.com）

投资视图（Portfolio Visualizer，www.portfoliovisualizer.com）

投资排行榜（Portfolio Charts，www.portfoliocharts.com）

金融行业机构

注册理财规划师（Certified Financial Planner，www.cfp.net）

注册金融分析师（Chartered Financial Analyst，www.cfainstitute.org）

美国证券交易委员会（U.S. Securities and Exchange Commission，www.investor.gov）

制定预算 / 支付账单

Mint（www.mint.com）

金融产品评估

NerdWallet（www.nerdwallet.com）

其他投资入门

世界经济论坛（World Economic Forum，www.weforum.org/reports）

注 释

1. Charlotte Wold, "The Number of Millionaires Continues to Increase," *Investopedia*, April 26, 2018; accessed July 9, 2018, from http://www.investopedia.com/news/number-millionaires-continues-increase/.
2. Ibid.
3. David M. Buss, "The Evolution of Happiness," *American Psychologist*, 55 (2000): 15–23.
4. David G. Myers, "The Funds, Friends, and Faith of Happy People," *American Psychologist*, 55 (2000): 56–67 (italics in original).
5. Mihaly Csikszentmihalyi, "If We Are So Rich, Why Aren't We Happy?" *American Psychologist*, 54 (1999): 821–827.
6. Ric Edelman, "Why So Many Lottery Winners Go Broke," *Fortune*, January 15, 2016; accessed June 20, 2018, from http://fortune.com/2016/01/15/powerball-lottery-winners/.
7. Juliet B. Schor, *The Overspent American: Why We Want What We Don't Need* (New York: HarperCollins, 1999).
8. Suniya S. Luthar, "The Culture of Affluence: Psychological Costs

of Material Wealth," *Child Development*, 74 (2003) : 1581–1593 ; accessed June 23, 2018, from https://www.ncbi.nlm.nih.gov/pmc/articles/PMC1950124/.

9. Heather Bowen Ray, "Talking About Success and Stress with Brené Brown," *Thrive Global*, January 3, 2017 ; accessed June 11, 2018, from https://journal.thriveglobal.com/talking-about-success-and-stress-with-brené-brown-aa56855300fb.

10. Belinda Luscombe, "Do We Need $75, 000 a Year to be Happy ? " *Time*, September 6, 2010 ; accessed July 2, 2018, from http://content.time.com/time/magazine/article/0, 9171, 2019628, 00.html.

11. Rudiger Sturm, "Jim Carrey : There Is No Me," *The Talks*, January 17, 2018 ; accessed August 3, 2018, from http://the-talks.com/interview/jim-carrey/.

12. Kristen Powers, "Americans Are Depressed and Suicidal Because There Is Something Wrong with Our Culture," *USA Today*, June 9, 2018 ; accessed August 10, 2018, from https://www.usatoday.com/story/opinion/2018/06/09/kate-spade-suicide-anthony-bourdain-depression-culture-success-column/687388002/.

13. Eventbrite, "The Experience Movement Research Report : How Millennials Are Bridging Cultural & Political Divides Offline"; accessed August 3, 2018, from https://www.eventbrite.com/l/millennialsreport-2017/.

14. DTTL Global Brand and Communications, "Mind the Gaps : The 2015 Deloitte Millennial Survey, Executive Summary," Deloitte, accessed July 19, 2018, from https://www2.deloitte.com/content/dam/Deloitte/global/Documents/About-Deloitte/gx-wef-2015-millennial-survey-

executivesummary.pdf.

15. Christian Smith and Hilary Davidson, *The Paradox of Generosity* (New York : Oxford University Press, 2014) .

16. Credit Suisse Research Institute, *Global Wealth Report 2017*, November 2017 ; accessed June 10, 2018, from http://publications.credit-suisse.com/index.cfm/publikationen-shop/research-institute/global-wealth-report-2017-en/.

17. Suniya S. Luthar, "The Culture of Affluence : Psychological Costs of Material Wealth," *Child Development*, 74 (2003) : 1581–1593 ; accessed June 23, 2018, from https://www.ncbi.nlm.nih.gov/pmc/articles/PMC1950124/.

18. Ibid.

19. Ibid.

20. Paul K. Piff, Daniel M. Stancato, Stéphane Côté, Rodolfo Mendoza-Denton, and Dacher Keltner, "Higher Social Class Predicts Increased Unethical Behavior," PNAS, March 13, 2012 ; accessed June 18, 2018, from http://www.pnas.org/content/109/11/4086.full.

21. Ibid.

22. Jennifer E. Stellar, Vida M. Manzo, Michael W. Kraus, and Dacher Keltner, "Compassion and Class : Socioeconomic Factors Predict Compassionate Responding," *Emotion*, 12(2012) : 449–459.

23. "Statistics on U.S. Generosity," *The Philanthropy Roundtable*, accessed September 3, 2018 from https://www.philanthropyroundtable.org/almanac/statistics/u.s.-generosity.

24. Robert Powell, "Honoring the Man Who Forever Changed the Financial Planning Profession," *Marketwatch*, May 9, 2017 ; accessed August 1,

2018, from https://www.marketwatch.com/story/honoring-the-man-who-forever-changed-the-financial-planning-profession-2017-05-19.

25. "2016 Global Sustainable Investment Review," Global Sustainable Investment Alliance, 2017, accessed August 11, 2018 from https://www.ussif.org/files/Publications/GSIA_Review2016.pdf.

26. Morgan Stanley Institute for Sustainable Investing, "Sustainable Signals: New Data from the Individual Investor (Executive Summary)," August 7, 2017; accessed September 4, 2018, from https://www.morganstanley.com/pub/content/dam/msdotcom/ideas/sustainable-signals/pdf/Sustainable_Signals_Whitepaper.pdf.

27. Scorpio Partnership and Factset, "HNWI's Vision for the Wealth Management Industry in the Information Age," July 26, 2016; accessed August 29, 2018, from https://msenterprise.global.ssl.fastly.net/wordpress/2017/07/Facset-The-Culture-Challenge_final-in-Wealth-Mgmt.pdf.

28. Alex Daniels, "As Wealthy Give Smaller Share of Income, Middle Class Digs Deeper," *The Chronicle of Philanthropy*, October 5, 2014; accessed September 3, 2018, from https://www.philanthropy.com/article/As-Wealthy-Give-Smaller-Share/152481.

29. Luke Iorio, "Breaking Down Energy: What You Need to Know as a Coach, Leader, Educator (or Human Being!)," *iPec Coaching* blog; accessed September 3, 2018, from https://ipeccoaching.com/breaking-down-energy/.

30. Lynne Twist, *The Soul of Money: Transforming Your Relationship with Money and Life* (New York: W.W. Norton & Company, 2017).

31. Joel Solomon, *The Clean Money Revolution* (Canada: New Society

Publishers, 2017).

32. Adrian Furnham, "Watching the Money Go-Round," *Business Strategy Review*, 13 (1)(2002): 67.

33. K-State News, "Researcher Finds Correlation Between Financial Arguments, Decreased Relationship Satisfaction," July 12, 2013; accessed July 30, 2018, from http://www.k-state.edu/media/newsreleases/jul13/predictingdivorce71113.html.

34. Joan D. Atwood, "Couples and Money: The Last Taboo," *American Journal of Family Therapy*, 40(2012): 1; accessed June 19, 2018, from doi: 10.1080/01926187.2011.600674.

35. "Poll: How Husbands and Wives Really Feel About Their Finances," *Money*, June 1, 2014; accessed July 30, 2018, from http://time.com/money/2800576/love-money-by-the-numbers/.

36. Gary Rivlin, "In Silicon Valley, Millionaires Who Don't Feel Rich," *The New York Times*, August 5, 2007, accessed July 10, 2018, https://www.nytimes.com/2007/08/05/technology/05rich.html.

37. Chris Taylor, "The Last Taboo: Why Nobody Talks About Money," *Reuters*, March 27, 2014; accessed June 20, 2018, from https://www.reuters.com/article/us-money-conversation/the-last-taboo-why-nobody-talks-about-money-idUSBREA2Q1UN20140327.

38. Amy Novotney, "Money Can't Buy Happiness," *Monitor on Psychology*, 43(2012): 24.

39. Dan Baker and Cameron Stauth, *What Happy People Know: How the New Science of Happiness Can Change Your Life for the Better* (New York: St Martins Griffin, 2004).

40. Missy Sullivan, "Lost Inheritance," *Wall Street Journal*, March 8, 2013 ; accessed July 26, 2018, from https://www.wsj.com/articles/SB 1000142412 7887324662404578334663271139552.

41. Chris Taylor, "70% of Rich Families Lose Their Wealth by the Second Generation," *Time*, June 17, 2015 ; accessed July 30, 2018, from http://time.com/money/3925308/rich-families-lose-wealth/.

42. Emmie Martin, "7 Billionaires Who Won't Leave Their Fortunes to Their Kids," *CNBC*, July 6, 2017 ; accessed August 31, 2018, from https://www.cnbc.com/2017/07/06/billionaires-who-wont-leave-their-fortunes-to-their-kids.html.

43. C. Northcote Parkinson, "Parkinson's Law," *The Economist*, November 19, 1955 ; accessed July 31, 2018, from https://www.economist.com/news/1955/11/19/parkinsons-law.

44. Sullivan, "Lost Inheritance."

联系作者

我热衷于帮助人们投资人生，以获得最大的回报。如果你有任何问题或想与我取得联系，请发送电子邮件至 john@jcchristianson.com。

如果你想收听最新的《财富知己》播客节目或需要创造财富的其他工具和资源，请访问我的网站 www.jcchristianson.com。欢迎在领英、脸书、Instagram（照片墙）和推特（@jcchristianson）上关注我。

无论是个体还是夫妇，我都会为你（你们）提供财富和生活指导，同时接受团体或组织的演讲邀请，讲述如何过上充实的人生的课题。我也定期举办“投资你的人生”研讨会。如果需要更多信息，或有参加演讲活动、报名参加研讨会或预订指导课程的需求，请发送电子邮件至我的邮箱或访问我的网站。